VIBRA EL AIRE
Y RETUMBA

L

JOSÉ MARTÍ

VIBRA EL AIRE Y RETUMBA

POESÍA

PRÓLOGO:
ROBERTO FERNÁNDEZ RETAMAR

Editorial Losada
Buenos Aires

BIBLIOTECA CLÁSICA Y CONTEMPORÁNEA

1ª edición: octubre 1997

Tapa: Departamento de Producción

ISBN: 950-03-0524-0
Queda hecho el depósito que marca la ley 11.723
Marca y características gráficas registradas en la
Oficina de Patentes y Marcas de la Nación
Impreso en Argentina
Printed in Argentina

PRÓLOGO

Los primeros grandes reconocimientos de la obra literaria martiana atañían a la prosa de las colaboraciones periodísticas que enviara a *La Nación*, de Buenos Aires, cuya corresponsalía desempeñó en Nueva York entre 1882 y 1891. Al comentar una crónica publicada por Martí en aquel periódico, dijo el anciano Sarmiento, en carta abierta a Groussac aparecida a principios de 1887 en el mismo diario: "En español, nada hay que se parezca a la salida de bramidos de Martí, y después de Víctor Hugo nada presenta la Francia de esta resonancia de metal". Al año siguiente (el de *Azul...*), añadiría en un artículo el joven Rubén Darío que Martí "es famoso, triunfa, esplende, porque escribe, a nuestro modo de juzgar, más brillantemente que ninguno de España o de América". Que el nicaragüense se refería a sus crónicas lo ratifican estas palabras suyas, coetáneas de las anteriores, en carta a un amigo: "¡Si yo pudiera poner en versos las grandezas luminosas de Martí! o ¡si José Martí pudiera escribir su prosa en verso!' Pero Darío deslizó ya, en aquel artículo, una observación definitiva, al llamar a Martí "poeta en prosa".

Tal observación permite calibrar mejor el juicio que emitiría décadas después Pedro Henríquez Ureña: "En poesía fue Martí un innovador, tanto como en prosa. Con él, el verso español se deshizo definitivamente de las ya anticuadas zarandajas del romanticismo y volvió a cobrar frescura y vida. La sencillez se hace intensidad en sus *Versos sencillos* (1891); el brillo y la delicadeza se combinan en su *Ismaelillo* (1882)." Es evidente que al hablar de "poesía", Henríquez Ureña se limita aquí al "verso". Y aunque el criterio está extendidísimo, la sinonimia es forzada: hecho bien visible en la obra del constante poeta tanto en prosa como en verso que fue Martí. En lo adelante, sin embargo, para no complicar extenporáneamente este prólogo, dejaré en paz la discusión.

Si la prosa de Martí tuvo durante su vida una considerable difusión (una veintena de periódicos hispanoamericanos llegó a difundir sus crónicas), muy otro fue el destino de sus versos. Sólo publicó las dos breves sumas de ellos que mencionara Henríquez Ureña, por añadidura en ediciones neoyorquinas restringidas, fuera de comercio, que apenas circularon: lo que contribuye a que no se conozca crítica alguna aparecida el pasado siglo sobre uno u otro de dichos cuadernos. Ni siquiera Darío, quien llamó Maestro a Martí en el impresionante obituario que le dedicó en *La Nación* (y recogió en *Los raros*, 1896), advirtió entonces la relevancia de los *Versos sencillos*, a pesar de nombrarlos.

Hubo que esperar a 1913, cuando apareció en La Habana el volumen XI de las obras de Martí publicadas póstumamente por su albacea, Gonzalo de Quesada y Aróstegui, para que comenzara la verdadera recepción de sus versos. Aquel volumen contenía los dos títulos ya nombrados, y además una selección de un libro suyo que había permanecido inédito, *Versos libres*. En su carta a Quesada de primero de abril de 1895, considerada con razón su testamento literario, Martí había diseñado tal conjunto: "de versos podría hacer otro volumen: *Ismaelillo, Versos sencillos*, y lo más cuidado o significativo de unos *Versos libres*".

En contraste con el silencio crítico que acompañó a la aparición inicial de *Ismaelillo* y *Versos sencillos*, este tomo de 1913 encontró exégetas superiores. El primero de ellos, una vez más, Darío, quien ese mismo año consagró en *La Nación* cuatro artículos fundamentales a "José Martí, poeta". Otro exégeta privilegiado del volumen de 1913, concretamente de *Versos libres*, fue Unamuno: ha podido sostenerse que su *Cristo de Velázquez* (1920) es deudor de aquellos *Versos*. También fue en esa edición que se familiarizó con la poesía martiana Gabriela Mistral, quien después escribiría luminosamente sobre ella, en especial sobre *Versos sencillos*, y llamaría a su autor "el maestro americano más ostensible en mi obra". Se había iniciado un reconocimiento que no ha hecho sino crecer, y del que han participado protagonistas de nuestra literatura como Cintio Vitier, Fina García Marruz y Ángel Rama. Incluso Octavio Paz, que hasta finales de la década del 60 desconocía la poesía (la obra) de Martí, según carta suya de 15 de mayo de 1968 a Vitier, le dedicó algunas líneas entusiastas, aunque imprecisas, en *Los hijos del limo* (1974), y postuló allí que Martí "anuncia [...] a la poesía contemporánea".

La discusión sobre si en 1882, con *Ismaelillo*, Martí

inauguró el llamado modernismo, como afirmara Henríquez Ureña, o no, carece hoy de la pertinencia que tuvo. Pero indudablemente Martí, con su prosa, ya había iniciado antes la renovación de las letras de lengua española: renovación que va mucho más allá del modernismo (en sentido corriente), salvo que lo hagamos llegar a nuestros días. En el centenario de Darío; Borges sugirió algo de esto: pero pensando en Darío, no en Martí, a quien al parecer no leyó.

Martí comenzó a escribir sus *Versos libres* en 1878, durante su estancia en Guatemala, y para la fecha de aparición de *Ismaelillo* ya les había dado una primera ordenación. Al no publicarlos entonces, siguió añadiéndoles poemas durante años. En el prólogo que dejó para ellos, explicó: "Amo las sonoridades difíciles, el verso escultórico, vibrante como la porcelana, volador como un ave, ardiente y arrollador como una lengua de lava". Y en su prólogo a *Versos sencillos* (donde además mencionó unos *Versos cubanos* que no se hallaron por separado), llamó a aquéllos "mis encrespados *Versos libres*, mis endecasílabos hirsutos, nacidos de grandes miedos, o de grandes esperanzas, o de indómito amor de libertad, o de amor doloroso a la hermosura".

Ismaelillo lo escribió Martí, distanciado de su hijo, en Caracas, en 1881: ha podido afirmarse que en esa ciudad y en esa fecha su obra alcanzó una primera maduración. En cuanto a los autobiográficos *Versos sencillos* (que según García Marruz deben leerse como un solo poema), los hizo en agosto de 1890 en los montes Catskill, al norte de Nueva York, donde solía vivir su agónico destierro: el médico lo había *echado* allí tras las angustias que había padecido durante la primera conferencia panamericana, como explicó al frente del libro, donde también dijo: "amo la sencillez, y creo en la necesidad de poner el sentimiento en formas llanas y sinceras". Vale la pena llamar la atención sobre el altísimo valor de sus prólogos a los libros de versos. No se ha escrito sobre ellos palabras más exactas, ni más complejas ("amo las sonoridades difíciles", "amo la sencillez"), ni más bellas.

En general, en su labor en verso se observan dos vertientes mayores. Martí parece referirse a ellas en el prólogo de los *Versos sencillos* exclama: "A veces ruge el mar, y revienta la ola, en la noche negra, contra las rocas del castillo ensangrentado: a veces susurra la abeja merodeando entre las flores". Aunque también es posible que para él esa dualidad atraviese todos sus versos de madurez, una interpretación de tales palabras permite mirar, por una parte, a sus *Versos libres*; por otra, a los versos de arte menor de *Ismaelillo*, *La Edad de Oro* y *Versos sencillos*. En un extremo, una palabra revuelta, agónica, volcánica, nacida en gran parte del choque con la ciudad tremenda, cuyos versos *libres* (no ajenos a Whitman ni a tumultuosas "Escenas norteamericanas" del cubano) lo son mucho más por el fuego que los convulsiona y hace encabalgar que por el mero hecho de ser endecasílabos sin rima. En otro extremo, una conquistada serenidad, en que las rápidas visiones que debemos a poetas de la estirpe de Rimbaud entran, iluminando, en estrofas de la poesía popular española como villancicos, coplas y décimas: estas últimas, truncas. Tales estrofas, en especial las de los *Versos sencillos*, dan voz a una tradición hispánica de raíz española aún viva entre payadores rioplatenses y decimistas antillanos. Cuando tales poemas fueron cantados, se les hizo regresar con música al venero popular, oral, de donde en gran medida procedían. Pues aunque a primera vista pueda o no ser evidente, el oído revela que, al igual que en sus discursos, Martí, a la vez que asimila herencias clásicas y barrocas e incorpora lo más audaz del arte de su época, también entronca en sus versos con la literatura oral del hombre americano libre y sencillo, fundador como Ismael, de un pueblo nuevo.

En su testamento literario, Martí dijo taxativamente a Quesada: "Versos míos, no publique ninguno antes del *Ismaelillo*: ninguno vale un apéndice. Los de después, al fin, ya son unos y sinceros". Pero casi ninguna compilación de los versos martianos ha podido atenerse a este rigor, acaso comparable con la sugerencia destructiva que Kafka hiciera a Max Brod y éste no siguió. Por lo general, como también ocurre en este caso, se suelen incorporar otras piezas de Martí anteriores, paralelas y posteriores a las que él estimó, con justicia, el núcleo de sus versos. El lector / la lectora, simplemente, deben estar advertidos.

ROBERTO FERNÁNDEZ RETAMAR

La Habana, 9 de junio de 1997

ESTUDIO PRELIMINAR

El canto errante

Con el alzamiento de Carlos Manuel de Céspedes estalló en Cuba la "guerra de los diez años". José Martí cumplía entonces quince. Poco tiempo después, su soneto "10 de Octubre", en favor de la independencia, circulaba clandestinamente entre los estudiantes. Cuba luchó contra el dominio español entre 1868 y 1878. Fue la llamada "Guerra Grande" que finalizó con el Pacto del Zanjón. Para Martí ese armisticio significó la posibilidad de volver a su país, del que lo habían deportado tres años después de comenzada la guerra. Pasó la mayor parte de su corta vida en el exilio. Desde la adolescencia se había comprometido definitivamente con "la estrella solitaria" de la bandera de la patria. Todo lo sacrificó por ella, y no alcanzó a ver el desenlace de una lucha en la que fue uno de los principales artífices. Murió en 1895 en un combate casual.

Hijo de un valenciano y una canaria, José Julián Martí Pérez nació en La Habana en 1853. Fue discípulo de Rafael María Mendive, por quien sentía una enorme admiración.[1] A partir de una experiencia desgarrante, Martí encuentra a los dieciocho años algo muy cercano a la plenitud

[1] En *El Povernir*, Nueva York, 1 de julio de 1891, Martí escribió sobre Mendive: "Prefiero recordarlo, a solas, en los largos paseos del colgadizo, cuando, callada la casa, de la luz de la noche y el ruido

de la escritura. Por el delito de "infidencia" –probado por una carta en que Martí criticaba la decisión de un amigo de incorporarse a un regimiento español– las autoridades lo envían a una especie de campo de concentración para presos políticos. Pasa allí seis meses de castigos y trabajos forzados que hacen que su salud se quebrante para siempre. El texto que, una vez liberado, escribiría para grabar esos días fue *El presidio político en Cuba,* un testimonio impresionante sobre la transformación del hombre en algo no humano, sobre la mecánica de los campos de muerte, pero también, y correlativamente, una apelación y una denuncia centrada en la contradicción de una España que sostenía por un lado principios republicanos, y que por el otro apoyaba el colonialismo y sus prácticas, y que también cuestionaba hasta el absurdo la postura de ciertos cubanos que pretendían una dependencia negociada, los autonomistas.

En 1871 se logró el indulto para Martí. Fue deportado a la propia España: había comenzado su casi permanente exilio. En la tierra de sus carceleros publicó *El presidio político en Cuba.* Se proclama allí la República en 1873. Al mismo tiempo que lo celebra, Martí reacciona ante la "concesión" española de proponer la autonomía para Cuba y Puerto Rico. Declara que los cubanos se han ganado por su lucha los derechos que ahora parecen querer concederles: "Cuba ha llegado antes que España a la República", enfatiza y se pronuncia contra todo tipo de integrismo en tanto considera que un Océano y sus respectivas historias separan a la Metrópoli de la Isla. Mientras tanto estudiaba

---

de las hojas fabricaba su verso; o cuando, hablando de los que cayeron en el cadalso cubano, se alzaba airado del sillón, y le temblaba la barba".

Derecho y Filosofía y Letras en la Universidad de Zaragoza, y luego de graduarse hizo un breve viaje por algunas ciudades de Europa, incluida París. Podría decirse que el destierro y el viaje iban configurándose como lugares de aprendizaje, donde ver[2] y reflexionar. Desde Southampton se dirigió a México en 1875. Por entonces comenzó a publicar artículos en la *Revista Universal*, se inicia como conferencista y conoce a su definitivo amigo Manuel A. Mercado.[3] También conoció a Carmen Zayas Bazán, con quien se casó. Se instala luego en Guatemala, que parecía un lugar propicio para desarrollar su carrera literaria y docente. Sin embargo, tiene dificultades y debe renunciar a su cargo en la Escuela Normal. Por otra parte, se firma en Cuba el Pacto del Zanjón, y Martí decide beneficiarse con la amnistía. Regresa a la patria en 1878. Muy pronto se le hace claro que se encuentra indefectiblemente obligado a elegir entre dos posibilidades: o una tranquila vida intelectual dentro de los marcos diseñados por la Metrópoli, o el compromiso total con la independencia de Cuba, aun al costo de perder a su familia, a Carmen y a su hijo, José Francisco, que nació en ese año.

[2] En sus escritos Martí insiste sobre la importancia de ver para escribir. La relación entre el ojo y la mano es un proceso fundamental de su escritura: el modo de conformación de la imagen martiana. Su polifónica sinestesia.

[3] Comenta Cintio Vitier: "De estos años sólo queda, firme y segura, una torre: Manuel A. Mercado, que le hizo conocer, después de las víctimas, después del Padre, otra de las figuraciones esenciales del hombre: la del Amigo. El volumen de cartas a Mercado, junto con algunos Apuntes y Fragmentos y el *Último Diario*, constituyen el mayor documento autobiográfico de Martí, uno de los pocos escapes que tuvo su creciente y atroz soledad." (Cintio Vitier, Fina García Marruz, *Temas martianos*, La Habana, Letras Cubanas, 1968, p. 98.)

Comenzó a conspirar en La Habana en relación con el Comité Revolucionario de Nueva York. En la ciudad norteamericana la inmigración cubana seguía trabajando mientras, en el interior de la isla, continuaba la lucha. Así fue que el 26 de agosto de 1879 se produjo el alzamiento de José Maceo, Guillermo Moncada y Quintín Banderas en Santiago de Cuba, una zona tradicionalmente rebelde. Martí es nuevamente deportado a España. Para este tiempo ya podía combinar sus actividades públicas como orador con los métodos de la conspiración.

De gorja son y rapidez los tiempos

En 1880 José Martí llega a Nueva York, donde permanecería, salvo breves intervalos, unos quince años. Inició su labor revolucionaria con el discurso de Steck Hall, donde reivindicó la guerra del 68 y a sus héroes como precursores de una lucha a continuar para lograr el objetivo buscado que daría sentido a los acontecimientos pasados: "Y los muertos entonces cobran forma".

Martí se había situado en el corazón de la modernidad, en un país que al mismo tiempo que desplegaba su potencial de cambio y se proyectaba al futuro, parecía estar desatando fuerzas amenazantes. Las crónicas que escribe para los diarios lo muestran inmerso en un proceso que a la vez lo fascina y lo atemoriza. El poema "Amor de ciudad grande" (*Versos libres*) manifiesta esa tensión. Junto con los aspectos políticos se plantea cuestiones artísticas, y entre las indagaciones e hipótesis sobre el lugar, el modo y la función del arte en la sociedad nueva, queda implicada la pregunta acerca de su propia poética. Martí podría haber hecho suyas las palabras del poema de Darío: "Yo persigo una forma", sólo que el gran conflicto radicaba en que su gesto envolvente no sólo aspiraba a la concreción del poema, sino también de la patria.

La lucha contra el español iba reanimándose después de Zanjón; sin embargo era preciso trabajar en la organización de las fuerzas, buscar criterios comunes, resolver problemas internos. Martí opone a un enfoque militarista y caudillesco de la lucha, una concepción civilista y democrática. Encarado el conflicto como guerra nacional, será la idea misma de Nación el elemento cohesionante, por sobre diferencias raciales o sociales, e incluso políticas. En 1879 hubo un nuevo intento de rebelión cubana, la llamada "Guerra chiquita", que fracasó. Martí concibe entonces la liberación de Cuba como una "obra detallada y previsora de pensamiento". Su forma.

En 1881 funda en Caracas la *Revista Venezolana*, y ese mismo año, lejos de su hijo que ya tenía tres años, escribe los quince poemas del *Ismaelillo*. El poemario dedicado al niño ausente equivale a la formulación de una nueva estética. La particular intersección entre modernidad y tradición configura lo que podría denominarse el *modo martiano*, su estilo, en tanto marca en los textos trazos fuertes, contrastes, ritmo veloz, registro sensorial, etc. Estas constantes se verifican también en su enorme y sostenida correspondencia, los retratos de grandes figuras como Emerson, Whitman, el homenaje a la muerte del poeta cubano Julián del Casal, las crónicas de la vida de Nueva York, "las entrañas del monstruo" (como quedaron canónicamente definidos por él mismo la ciudad y el país del norte). En las crónicas martianas, sean éstas sobre los mártires de Chicago, la muerte de Karl Marx o acerca un terremoto, aparece aquello que es característico y definitorio de la modernidad: la presencia de la multitud. La escritura martiana en su propia constitución la presenta en movimiento. La exterioridad priva sobre el interior decadentista y lo consistente por sobre lo evanescente. Su gigantesca obra periodística en Hispanoamérica terminó el 20 de mayo de 1891 con un artículo en *La Nación* de Buenos Aires. Al año siguiente aparece *Patria*, órgano del Partido Revolucionario Cubano.

Por medio de Flor Crombet Martí se pone en contacto con los generales Máximo Gómez y Antonio Maceo. Las discrepancias serían muchas. Martí no secundaría un plan basado en "traer a mi tierra a un régimen de despotismo personal, que sería más vergonzoso y funesto que el despotismo político que ahora soporta, y más grave y difícil de desarraigar porque vendría excusado por algunas virtudes, establecido por la idea encarnada en él, y legitimado por el triunfo". La postura de Martí está contenida en una de sus famosas sentencias: "Un pueblo no se funda, General, como se manda un campamento".[4] Entre 1884 y 1887 Martí se mantuvo alejado de las actividades revolucionarias por sus desavenencias con Gómez y Maceo. En 1885 escribió una novela por encargo, con el seudónimo de Adelaida Ral publicada por entregas en *El Latino Americano* de Nueva York; se tituló *Amistad funesta*, pero él prefería el título de *Lucía Jerez* (nombre de la protagonista), según consta en el borrador de un prólogo donde considera una horrible culpa haber escrito esa "noveluca".

Martí rebatió tanto las posturas tendientes a implantar en Cuba un estado autonomista, como las de anexarla a los Estados Unidos. Cuando el *Manufacturer* de Filadelfia publicó un artículo contra Cuba, éste fue comentado en *The Evening Post* de Nueva York, aludiendo de paso a las ventajas y desventajas de la compra de Cuba por parte de Esta-

[4] Carta al General Máximo Gómez del 20 de octubre de 1884.

dos Unidos. A manera de respuesta, Martí escribió entonces, una *Vindicación* donde destaca las virtudes de los cubanos en sus luchas por la independencia, ante las adversidades del exilio y del trabajo, e ironizaba acerca de la acusación de pueblo "deficiente en moral".

Entre 1886 y 1891 se perfila su liderazgo. A partir de 1887 pronuncia, cada 10 de octubre, un discurso de conmemoración de las armas patrióticas. En 1889 encara otro proyecto fuertemente vinculado con el afán didáctico tendiente a cimentar una nación y vinculado con su sensibilidad hacia el mundo infantil.[5] Se trataba de una revista mensual para chicos, *La Edad de Oro.* "Publicación mensual de recreo e instrucción dedicada á [sic] los niños de América". En ella, por medio de relatos ilustrados, Martí ofrecía lecciones de historia, datos sobre otras culturas y también los famosos cuentos que encerraban alguna moraleja como "Bebé y el Señor Don Pomposo" o "La Muñeca Negra". Sólo aparecieron cuatro números.

A fines de 1889 tiene lugar la primera Conferencia Internacional Americana. Allí Martí pronuncia el 19 de diciembre el discurso "Madre América". En un vibrante contrapunto de imágenes, Martí resume la historia de las dos Américas, y establece con la firme convicción de enunciar una verdad compartida "en esta noche en que no se miente", la prevalencia para los americanos del sur de la que él denominó entrañablemente "Nuestra América". La causa cubana se vuelve un reclamo de toda la América del Sur, cuya unidad se sostiene por los mismos motivos que se reclamaba la independencia de España; pero ahora se enfren-

[5] Es interesante cotejar los artículos de *La Edad de Oro* con el *Ismaelillo.* Puede verse en ambos el despliegue de un singular imaginario de la niñez sostenido por la afectividad y la ternura.

ta el nuevo peligro de conquista, enmascarado por la actitud amistosa de los Estados Unidos. La América del Sur se afirmaría solamente en su unidad. "Sola, y como un solo pueblo se levanta. Sola pelea. Vencerá, sola".

Ese mismo año Martí enferma y se va a recuperar a las Montañas Catskill. Escribió entonces los *Versos sencillos*, publicados en 1891. Cierran ellos su obra estrictamente poética.[6] Una culminación, puede decirse. Ese momento marca el fin de la corta pero agitada etapa que va de 1899 a 1891 en la que, señala Ángel Rama, "se suceden hechos fundamentales en la vida de Martí: personales (separación definitiva de su esposa), profesionales (designado cónsul de Argentina y Paraguay renunciará a estos cargos más el de cónsul del Uruguay, así como a su corresponsalía con *La Nación* de Buenos Aires), políticos (formación del Partido Revolucionario Cubano) y actividad encauzada a la guerra de la independencia, doctrinales (experiencia de la Conferencia Internacional de Washington, de la cual proceden sus discursos americanistas y el texto de *Nuestra América**), económicos (participación en la Conferencia Monetaria como delegado), religiosos (abandono de *La Edad de Oro* por no compartir las exigencias del editor sobre educación religiosa), literarios (apuntes, artículos, progresiva transformación estética que culmina en los *Versos sencillos*").[7]

* Véase José Martí, *Nuestra América*, Buenos Aires, Losada, 1980.

[6] Los *Versos libres* se publicaron en forma póstuma. Se considera que fueron escritos entre el *Ismaelillo* y los *Versos sencillos*. Véase José Martí, *Nuestra América*, Buenos Aires, Losada, 1980.

[7] Angel Rama, "Indagación de la ideología en la poesía", en Carlos Altamirano y Beatriz Sarlo, *Literatura /Sociedad*, Buenos Aires, Hachette, 1983, p. 209.

La ofuscadora claridad de su destino

En Tampa pronunció dos discursos famosos: "Con todos y para el bien de todos" y "Los pinos nuevos". El 14 de marzo de 1892 aparece el primer número de *Patria*, órgano del Partido Revolucionario Cubano, cuyas *Bases* había redactado Martí en Cayo Hueso poco tiempo antes. Sintetiza allí sus ideas sobre la necesariedad de la guerra, la forma de llevarla a cabo exitosamente, la organización del país, el problema racial, en fin, la construcción de la nación. Con numerosas dificultades, entre ellas su propio estado físico, Martí trabaja para coordinar las acciones de los distintos emigrados con los patriotas de la isla. La entrevista con Máximo Gómez fue uno de los logros importantes. Realiza una serie de viajes: de Santo Domingo a Haití, luego a Nueva York, a Cayo Hueso y Tampa.

En el Hardman Hall pronunció el discurso que le oyó Rubén Darío, y en el cual analizaba las consecuencias de los levantamientos improvisados. Vuelve a Santo Domingo y conferencia con Máximo Gómez, a quien dedica luego en *Patria* un hermoso retrato. De Montecristi pasa a Cabo Haitiano y Port au Prince, hasta llegar a Costa Rica, donde se entrevista con Maceo, de quien también se ocupará en un artículo del periódico. Los viajes son incesantes, las dificultades también, en especial la escasez de fondos. Sin embargo un vasto plan insurreccional, finamente coordinado, seguía su curso. Las fuerzas de la isla se reunirían con las que llegarían allí para desatar una fuerte ofensiva. El levantamiento es delatado, pero el grado de movilización y organización alcanzados permiten que al poco tiempo se lance otro. El 29 de enero de 1895 se firma la Orden de levantamiento en Nueva York y en el mes siguiente Martí junto con Máximo Gómez parten de Santo Domingo hacia Cuba. En este tiempo escribe una serie de cartas; también dan cuenta de ese viaje los dos *Diarios* de Martí: *De Montecristi a Cabo Haitiano, De Cabo Haitiano a Dos Ríos.*

El *Manifiesto de Montecristi,* firmado el 25 de marzo con el general en jefe del Ejército Revolucionario Cubano, Máximo Gómez resume los principios y fines de la guerra, que se concibe como una continuación de la iniciada con la gesta de Yara. Se garantiza el respeto a los derechos y se propone la integración de los distintos sectores nacionales como "hermandad del sacrificio". Los tres jefes se entrevistan el 5 de mayo en el ingenio "La Mejorana". Nuevamente surgen las divergencias en cuanto a la organización política; con todo, la campaña sigue. El 19 de mayo, después de un discurso a las tropas de Bartolomé Masó, Martí fue muerto en una violenta escaramuza con la columna al mando del Coronel Ximénez de Sandoval. Tenía cuarenta y dos años. El cadáver fue trasladado a caballo; a dos leguas, bajo la lluvia, lo depositaron en tierra. Lo enterraron en la fosa común de Remanganaguas, el día 20. Sin embargo, alguien lo reconoció. Fue exhumado, se le hizo la autopsia y lo embalsamaron para trasladarlo a Santiago de Cuba. Pese a sus intentos, los cubanos no pudieron rescatar el cadáver. Fue expuesto en el parque de Palma el día 24, llegó a Santiago de Cuba el día 26, el 27 lo entierran en una pequeña tumba en el cementerio de Santa Ifigenia. En ese cementerio se erigió poco después un mausoleo que tiene el aspecto de un templo laico; bajo su cúpula una enorme estatua de mármol blanco muestra a un Martti sentado y reflexivo, con la mirada hacia abajo, en dirección a la urna cilíndrica donde están sus restos, como quería en sus versos: Quisiera cuando me muera/ Sin patria pero sin amo/ tener en mi tumba un ramo/ de flores y una bandera.

Los versos de Martí

Criterio de esta edición

Para esta antología martiana se ha tenido en cuenta fundamentalmente la *Edición crítica* de la *Poesía completa* que para Letras Cubanas realizaran Cintio Vitier y Fina García Marruz. Se ha adoptado el ordenamiento que ellos realizan considerando absolutamente pertinente su fundamentación. El cambio significativo está en la no inclusión, como ha sucedido en otras ediciones de la poesía martiana, de un conjunto de poemas bajo el título de *Flores del destierro.* Teniendo en cuenta la "Carta Testamento Literario a Gonzalo de Quesada y Aróstegui", fechada en Montecristi el 10 de abril de 1895, las tres unidades fundamentales de su obra poética son *Ismaelillo, Versos sencillos* y *Versos libres,* citadas en este orden por el hecho de que las dos primeras estaban publicadas y la tercera quedaba sin depuración ni ordenación. Martí tampoco se refirió a *Flores del destierro* en el prólogo a *Versos sencillos* que es, junto con la carta testamento, el texto donde se refiere a sus poemarios concretados o en proyecto. Tal expresión tampoco figura como título en ningún original de Martí, ni hay certeza de que forme parte del prólogo que se le adjudicó a la colección publicada con ese título. A estas se agregan otras consideraciones basadas en estudios filológicos y se afirma la unidad estilística de esas llamadas *Flores del destierro* con los *Versos libres.* Respecto de unos *Versos cubanos* que Martí menciona en el prólogo a los *Versos sencillos,* no habla de ellos en su testamento literario ("Carta a Gonzalo de Quesada y Aróstegui, Montecristi", 1 de abril de 1895), lo cual, según Marruz y Vitier "inclina a pensar que, en concepción final, quedaban integrados a los *Versos Libres*".[8]

Esta selección incluye dos libros completos: *Ismaelillo* y *Versos sencillos*, y, por orden cronológico, una serie de poemas anteriores al primero, pese a la opinión de Martí de que ninguno de esos iniciales versos valía la pena; sin embargo pueden considerarse índices de la conformación de una poética. Siguiendo el mencionado orden cronológico, una selección de los *Versos libres*, y otros poemas anteceden a los *Versos sencillos.* A diferencia de éstos y de *Ismaelillo* no presentan (pese a los proyectos esbozados en índices) una definitiva cerrazón en libros.

[8] En Nota Editorial a la *Edición Crítica, op. cit.* p. 8.

Primeros poemas

He allí sus advertencias liminares. "Amo las sonoridades difíciles y la sinceridad". ¿No se diría un precursor del movimiento que me tocara iniciar años después?

RUBÉN DARÍO

Las sonoridades difíciles y la sinceridad de los *Versos sencillos* pueden verse como la expresión última de una escritura en proceso, cortada por la muerte –nada lo indica con más nitidez que los apuntes fragmentarios del *Último Diario*– como el final de un camino que se inicia en la adolescencia y que cuaja en un texto también autobiográfico: *El presidio político en Cuba*. En esas páginas el muchacho torturado en la cárcel alcanza sin embargo, gracias, entre otras cosas, al manejo del nombre propio y a la elocuencia que despliega, la prefiguración del prócer, como si Martí desde el comienzo hubiera tenido clara conciencia del papel que iba a jugar en la Historia. Sus versos iniciales se ligan a los otros escritos en cuanto a la emotividad y los afectos familiares, así como a la preocupación política y la fuerte voluntad de denunciar y de nombrar el horror diario del presidio o el instantáneo de los fusilamientos, como puede verse por ejemplo en el extenso poema "A mis hermanos muertos el 27 de noviembre".[9] Los versos a la patria muestran una vertiente martiana que tiene que ver con el énfasis, la declamación y la sentencia propias de una poesía que aspira a la apelación y

[9] El 27 de noviembre de 1871 fueron fusilados en La Habana ocho estudiantes de medicina por orden de las autoridades coloniales.

el despertar las conciencias, pero que, para hacerlo en términos de la verdad exigida, necesita de una nueva expresión. La imagen había de lograrse, si se lo quería hacer cabalmente, tentando otras rutas del idioma, anudando la tradición más alta de la lengua con la lengua resultante de la inmersión en la modernidad. En esa encrucijada se sitúa la escritura martiana, caben allí el a veces nombrado "barroquismo" de su estilo, las formas castizas y también los neologismos. Al leer los versos de Martí comprendemos más claramente el lugar de precursor que Darío le atribuye cuando, queriendo prolongar la necrológica que le dedicara en *Los raros*, se detiene a examinar el conjunto de la poesía del que llamó su Maestro.[10] En esta doble designación se cifra el lugar del propio Darío, el lugar paradójico de ser discípulo de su precursor.

Si se piensa en la condensación de que es capaz la poesía y en su potenciación de significados, y teniendo como horizonte la múltiple textualidad martiana, sus poemas se vuelven una clave de acceso no sólo a su poética, ni sólo a la poética modernista hispanoamericana, sino también a problemas de la poesía moderna en general. Las formas de simbolización que utiliza, el imaginario puesto en juego, develan una visión del mundo articulada, y tendiente al logro de un equilibrio de las fuerzas contradictorias que se agitan en la realidad y llevan a interrogarse angustiosa y gozozamente por el territorio de la poesía en la sociedad en proceso de cambio de valores y gusto. Y si en clave tardorromántica están concebidos algunos versos, se percibe sin

[10] Darío escribió un estudio dividido en cuatro artículos y titulado *José Martí, poeta*. Aparecieron en *La Nación* de Buenos Aires, en 1913. Están incluidos en el volumen de Manuel Pedro González, *Antología crítica de José Martí*, México, Editorial Cultura, 1960.

embargo, ya desde algún poema inicial, el estremecimiento de lo nuevo.

A diferencia del Modernismo dariano, la poesía martiana no suscita epigonismos. Consagrada en la escuela ("Cultivo una rosa blanca", por ejemplo) y en la canción popular: Julián Orbón cantando los *Versos sencillos* con música de la Guantanamera, la poesía más pervivente de Martí ha sido la del metro breve. Sin embargo, hay, desde los primeros poemas, un trabajo sostenido con el endecasílabo; muchas veces combinado con hepta y eneasílabos. En otros casos, el empleo del octosílabo y la rima consonante se cruza con la línea de diálogo y ciertos juegos de conceptos como en el poema "Dos Honras" donde la crítica a la moral surge de la contraposición de imágenes y puntos de vista.

De entre los poemas escritos en España, "Fragmento" contrasta con las evocaciones familiares o amistosas para presentar algo así como un ambiente "galante", de fiesta y disipación. "Vida febril, fascinadora, loca" se lee en uno de los versos que sintetiza no sólo un ámbito mundano, antimelancólico, ciudadano y moderno, sino que también en el léxico, la conformación del verso y su acentuación, insinúa un cambio en la materia poética. Es posible además, ver aquí algunos rasgos estilísticos que Martí conservará así, las comparaciones con hipérbaton o el efecto fuerte de contraste y/o intensificación marcados, por el brusco cambio de lo impersonal a la primera persona. Es el caso de estos versos:

> "Como arrastra terrible al remolino
> El equilibrio roto de las aguas,
> Así arrastra al confuso torbellino
> El vértigo fatal. Queman mi frente"
>
> ("Fragmento")

El crescendo que propone el poema a través de la acumulación verbal y la reiteración de vocablos referidos al hastío y al desenfreno, se ve sólo parcialmente interrumpido por la imagen de la pureza caída como un matiz decadente en medio del predominio enfático e imperativo del placer.

Otras veces es posible constatar la presencia de la senteciosidad martiana como nota dominante; el tono imperativo entonces se vuelve sobre la eticidad y ya no es un imperativo de goce sino un reto contra los enemigos y un reclamo de justicia. Lo oratorio de esta modalidad suele cruzarse con formas de la narratividad e incluso del diálogo, impidiendo el efecto de acumulación farragosa. Por el contrario, estas diversas estrategias combinadas mantienen la atención sobre el texto en tanto saltan a cada paso, brillan como imágenes fijas o acumulan una secuencia cuyo devenir suele estar rematado por un final cortante.

La rima consonante de los versos se aligera por los cortes y rimas internos, la "entrada" de voces o el cambio de tono; así, en su praxis poética Martí es fiel a uno de sus principios: "Denunciar el vulgar culto a la rima, y hacer a esta esclava del pensamiento, vía suya, órgano suyo, traje suyo". (*OC* t. 21, pp 220-1).

El 10 de octubre de 1875 se publicó en la *Revista Universal* el poema "De noche en la imprenta". La escritura aparece aquí ligada a la máquina, la presentación del escritor como trabajador constituye una ruptura respecto de la concepción del poeta como vidente o elegido. Incluso, es bastante llamativa la equiparación vida=imprenta, que estaría, según el poema, en el orden del ser, en tanto la relación taller=cementerio, se sitúa en el orden del parecer, que sin embargo está predominando e imponiéndose. La contradicción queda en pie sostenida por expresiones oximorónicas como "vivo cadáver" o contraposiciones del tipo: "colmo de la vida / propio entierro". Podría decirse que se trata de una constatación subjetiva de una de las reiteradas preguntas de la sociedad modernizada: la relación entre el artista y su entorno y el lugar que ocupa éste ante la caída del Mecenazgo y su incorporación al mercado de trabajo. Lo que para algunos poetas era una trágica escisión (periodismo/poesía, o ganapán *vs.* artista) se presenta en este poema como una especie de detección de un estado de cosas extraño, confuso. El poeta suscribe un contrato: "Me dan pan, yo doy alma"; la relación de los términos del intercambio despoja al contrato de la regulación para volverlo un pacto fatal. Que lleva por ejemplo a la novela *Lucía Jerez*, escrita por encargo, una prolongación, en la amplia obra martiana, de la conciencia de un estado de cosas que "De noche en la imprenta" muestra contradictoriamente.[11]

[11] Martí escribió esta novela entre 1884 y 1887 a pedido de Adelaida Baralt. En un borrador de prólogo escribió entre otras cosas: "En una hora de desocupación, le tentó una oferta de esta clase de trabajo: y como el autor es persona trabajadora, recordó un suceso acontecido en la América Del Sur en aquellos días, que pudiera ser base para la novela hispanoamericana que se deseaba, puso mano a la pluma, evocó al correr de ella sus propias observaciones y recuerdos y sin alarde de trama ni plan seguro, dejó rasguear la péñola durante siete días, interrumpido a cada instante por otros quehaceres, tras de los cuales estaba lista con el nombre de *Amistad funesta* la que hoy con el nombre de *Lucía Jerez* sale nuevamente al mundo [había salido antes por entregas]. Ni es más ni es menos. Se publica en libro, porque así lo desean los que sin duda no lo han leído. El autor, avergonzado, pide excusa."

En su ensayo "Emerson"[12] Martí declaraba una de sus fuertes convicciones: "¡Es tarea de hormigas andar contando en rimas desmayadas dolorcillos propios! El dolor ha de ser pudoroso". Los problemas del matrimonio entre José Martí y Carmen Sayas Bazán fueron aumentando, y luego de varias separaciones sobrevino una definitiva. Los constantes viajes, los riesgos, el trabajo político incesante tuvieron bastante que ver con esta decisión. Carmen Sayas se fue a vivir a La Habana con el pequeño José Francisco. "Ismaelillo", anotó Martí en su *Cuaderno*, y ese fue el título del libro de poemas más unitario que escribió. Apareció en 1882.[13] Pudoroso en el dolor, y enfrentando su destino, no cae en el lamento elegíaco ante la falta. Prefiere en cambio corporizar a su hijo por medio de la imagen, darle vida por el ritmo del verso en poemas donde un cierto valor simbólico (Ismael significa en hebreo "Dios oirá") se enlaza con la especial emotividad martiana hacia el mundo infantil.[14] El hijo lejos suscita una fuerza escrituraria capaz de reponer por la imagen una ausencia y también de remitir a la relación padre/hijo. Ésta no aparece en forma unívoca en Martí. La relación con su propio padre y la evocación de su in-

[12] Sobre el filósofo trascendentalista norteamericano Ralph Waldo Emerson, a quien Martí admiraba y cuyas ideas influyeron en las propias.

[13] Al parecer, Martí escribió casi todos los poemas del *Ismaelillo* en Venezuela en 1881; su esposa e hijo habían regresado el año anterior a Cuba.

[14] La infancia vista como Edad de Oro (según confirma el título homónimo de la revista para niños) propone la recuperación de ese espacio-tiempo por medio de una especial sensibilidad poético-discursiva.

fancia no exhiben el sesgo gozozo que presentan los poemas del *Ismaelillo,* aun donde hace manifiesta la nostalgia: "Tú estás en todas las cosas, hijo del alma".[15]

En el *Ismaelillo* hay una celebración del hijo, de su salud y vitalidad. Lo visual aparece con carácter definitorio, las imágenes del hijo "se imponen" y son además imágenes cinéticas; a su vez, el movimiento se asocia a lo luminoso. En el *Ismaelillo* se configura lo que podría denominarse un "espacio de la ternura" construido por la palabra paterna, cuya potencia de retorno crea un verdadero brillo por ausencia. El modo en que es presentado el niño en los versos –presentado en tanto no se trata de una "re-presentación" sino de un desfile de figuras en que se nos aparece epifánicamente el objeto– da cuenta de la presentificación de ese ausente y logra justamente reponerlo en toda su fulguración y entrañabilidad lejos de componer una suerte de retrato más o menos verosímil para volcarse a la constitución de un sujeto niño que es el tú destinatario primordial de los versos y la posibilidad de expansión de un yo lírico y político. El tú repone a su vez la instancia yoica del padre.

[15] Los primeros textos de Martí dejan asomar las diferencias políticas con el padre, un lugar que más bien era ocupado por el maestro Mendive. En este sentido se destaca un párrafo de *El presidio político* que semeja una especie de reconciliación: "¡Y qué día tan amargo aquél en que logró verme, y yo procuraba ocultarle las grietas de mi cuerpo, y él colocarme unas almohadillas de mi madre para evitar el roce de los grillos, y vio al fin, un día después de haberme visto paseando en los salones de la cárcel, aquellas aberturas purulentas, aquellos miembros estrujados, aquella mezcla de sangre y polvo, de materia y fango, sobre que me hacían apoyar el cuerpo y correr y correr! ¡Día amarguísimo aquel! ¡Prendido a aquella masa informe, me miraba con espanto, envolvía a hurtadillas el vendaje, me volvía a mirar, y al fin, estrechando febrilmente la pierna triturada, rompió a llorar!"

Una instancia que en el enunciado poético devela sus contradicciones: entre la autoría, la afectividad, o el desamparo y la pérdida –lugar donde la relación entre padre e hijo se hace reversible–. Esto supone una construcción discursiva de la afectividad donde la imagen del hijo revierte sobre un yo poético, que vinculado con el yo padre nos lleva a una relación suplementaria: yo deudor –escriba– de las imágenes que el otro suscita, y que el poeta no haría sino copiar.[16]

Los modos de designar al hijo –desde el título del poemario– menos que definiciones son diseños, personajes, figuraciones. El reiterado uso del diminutivo aúna los rasgos de nimiedad con el componente amoroso. "Musilla", "pequeñuelo", "reyecillo", "diablillo" e incluso las formas de adjetivar "príncipe enano". Ciertos términos que en Martí poseen una clara connotación negativa: "tirano", por ejemplo, aparecen en el *Ismaelillo* en un contexto diferente que invierte dicho sentido: "Éntrese mi tirano/ por esta senda" ("Príncipe enano"), "Traidor"! ("Rosilla nueva"), lo que también se da con formas de clisé trastocadas: "Mi musa? Es un diablillo/ con alas de ángel" ("Musa traviesa"). El hijo se convierte en una figura salvadora del padre amenazado por fantasmas y peligros. "Tábanos fieros" convoca a esas figuras infernales y proclama por sobre ellas la victoria del caballero, el hijo quien también puede ser fuente de alimento: "Mi despensero". El espacio galante aparece curiosamente en este poemario. "Tórtola blanca" describe con la

[16] En el prólogo de *Versos libres*, dice Martí: "Lo que aquí doy a ver lo he visto antes (yo lo he visto, yo), y he visto mucho más, que huyó sin darme tiempo a que copiara sus rasgos. De la extrañeza, singularidad, prisa, amontonamiento, arrebato de mis visiones, yo mismo tuve la culpa, que las he hecho surgir ante mí como las *copio*".

fervorosidad y la típica acumulación martianas, un ambiente de fiesta y seducción, en medio del cual un ser delicado e inocente, muere, semejante al ruiseñor de Oscar Wilde ("El ruiseñor y la rosa"). El yo poético se aparta de lo que ha descripto como un ámbito de degradación disfrazada de alegría y va a buscar al ave que temblando lo llama desde el balcón. Identificar a ese pajarito victimizado con el hijo es otra forma de nominación diferente de la alusión directa o la interlocución.

La descripción martiana en el verso comparte rasgos que usa también en la prosa. La acumulación de verbos mostrando lo descripto en tensión y movimiento, el uso de construcciones paralelas como elemento intensificador, la reiteración de conjunciones copulativas con el mismo fin, que tantas de sus crónicas exhiben, se condensan en el poema. Por otra parte, este yo, que experimenta, siente y sufre, comprueba, constata, y puede entonces emitir juicios e inducir acciones. Y puede también, hijo de un salvador ausente, otorgador de sentido a la virtud, al amor y a la belleza, dialogar con él, dándole entonces entidad, forma y el estatuto de hijo de su padre, del que la madre (siguiendo la historia bíblica, Agar) lo ha separado.[17] Tomando en cuen-

[17] La figuración de Agar (madre de Ismael) como desaprensiva retorna en *Versos sencillos*, XLII:

En el extraño bazar
del amor, junto a la mar,
la perla triste y sin par,
le tocó por suerte a Agar.

Agar, de tanto tenerla
al pecho, de tanto verla
Agar, llegó a aborrecerla:
majó, tiró al mar la perla.

ta esa referencia, el Ismael hijo del patriarca Abraham, tendría una gran descendencia. Pero ésta sería diferente de la que tuvo Isaac, el hijo legítimo de Abraham y su esposa Sarah. Cabría una hipótesis: los hijos de Martí como depositarios de un germen que se dio a medias, una herencia bastarda. Que corta los lazos con el padre para ser llevado a otra zona por la madre esclava, víctima de un Yavé decisivo, una ley inexorable[18] de selecciones. Ismael es la necesaria contrapartida de una herencia única. Es la voz legítima y soslayada, la víctima de una madre desdeñosa que ha tirado la piedra al mar.[19] Si Agar puede equipararse con Carmen Sayas Bazán, en su traición y desdén, Martí puede compararse con Abraham, el patriarca al que se le promete una copiosa descendencia. Sin embargo, en este caso, los vínculos de la sangre quedan sesgados por las leyes del reparto de las filiaciones y los derechos de herencia. El hijo

---

Y cuando Agar, venenosa,
de inútil furia, y llorosa,
pidió al mar la perla hermosa,
dijo la mar borrascosa:

"¿Qué hiciste, torpe, qué hiciste
de la perla que tuviste?
La majaste, me la diste:
yo guardo la perla triste."

18 La presencia de la ley es significativa en los textos martianos. En los *Versos sencillos* se asocia a "rey" con una connotación negativa. Ángel Rama analiza esta vinculación en su estudio sobre los versos de Martí. Véase Ángel Rama, "Indagación de la ideología en la poesía", en Altamirano y Sarlo, *op. cit.* Cabe agregar a este comentario, el de Cintio Vitier: "Toda su vida y su obra se explican por esa fe en una legalidad trascendente del mundo [...] La naturaleza, la historia, el espíritu: todo responde a leyes; un orden lo corona todo; el azar no existe" (en Manuel Pedro González, *op. cit.*, p. 385).

19 Véase el poema XLII de *Versos sencillos.*

legítimo de Martí queda ilegitimado por el poder al que apela la madre para constituir un nuevo padre, una ley diversa, la de la Metrópoli, para el orden de sucesión de su hijo. La reposición del niño en la escritura opera desde el padre como una doble autoridad y autorización: el nombramiento del hijo y el reclamo de paternidad textual y real. Martí retoma su función paterna, pero en esta particular coyuntura asume también la lengua "maternal" con la que construye al hijo en el texto: diminutivos afectivos, exclamaciones, *conjuntamente* con la fuerza del mandato paterno: "¿Vivir impuro? / ¡No vivas hijo!" ("Mi reyecillo"). El hijo desheredado en tanto sustraído retorna en la palabra poética pero además la impulsa, es equiparable a la Musa ("Musilla traviesa"). La Musa pierde "clasicidad" con el inusual calificativo, y el que llamamos espacio de la ternura prevalece por sobre una abstracta belleza ideal.

Los endecasílabos hirsutos

> *"la vehemencia interior no nos deja oírle el endecasílabo"*
>
> Fina García Marruz[20]

Será mucho tiempo más tarde, cuando escriba el prólogo a sus *Versos sencilllos* que Martí denominará "endecasílabos hirsutos" a los que quedaron finalmente agrupados bajo el título de *Versos libres.* Los primeros se publicaron antes que los segundos, por lo que se indagó acerca de la fecha de composición de esos poemas y de cuáles eran los que Martí consideraba "otras formas borrosas y menos ca-

[20] En Manuel Pedro González, *op. cit.,* p. 208.

racterísticas" que no quería incluir con "lo más cuidado y significativo". Martí, en el prólogo a *Versos sencillos*, menciona también unos *Versos cubanos.* Si no se extraviaron quedaron integrados a los *Versos libres*, hipótesis que avalan Vitier y Marruz en la *Edición Crítica.*

Versos cubanos y *Versos libres* presentan además otra vinculación: la concepción independentista afirmada en el territorio y opuesta al anexionismo remite a la categoría cultural de "lo cubano", en este caso en una directa relación con la libertad a su vez con carácter trascendente. "Cubano" –sostiene Vitier– "se convierte entonces, a sus ojos, en el signo de una categoría del espíritu: la del hombre volcado esencialmente a la vida de la libertad".[21]

Los que Martí denominó *Versos libres* son predominantemente endecasílabos sin rima. Mientras que el *Ismaelillo* y los *Versos sencillos* tienen una fecha de composición precisa y otros rasgos que los emparentan, como el uso del metro breve, por ejemplo. Los *Versos libres* parecen reunir escritos de distintos momentos, de cualquier modo 1882 se considera la fecha más importante. Anota en el margen de los manuscritos de sus *Versos libres*: "A los 25 años escribí estos versos; hoy tengo cuarenta; se ha de escribir viviendo, con la expresión sincera del pensamiento libre, para renovar la forma poética". Al margen de las discusiones filológicas,[22] interesa ver la construcción de una poética a través de los poemas y las claves estilísticas que la definen. Además de los

21 Fina García Marruz y Cintio Vitier, *Temas Martianos*, p. 86

22 La colección titulada *Flores del destierro* fue publicada en 1933 por Gonzalo de Quesada y Miranda. (En esta antología se incluye el prólogo que escribió Martí para un poemario en preparación. El título que se le dio a la publicación de 1933 es la frase final de ese prólogo. Es importante la insistencia de Martí en la condición de proscripto y desterrado.)

ensayos literarios de Martí y de las ideas estéticas que pueden aparecer por ejemplo en sus crónicas, en muchos poemas tematiza la escritura con el objetivo de lograr una "expresión sincera", difundir el "pensamiento libre" y "renovar la forma poética". La sinceridad, como se ve manifiestamente en los *Versos sencillos*, es, para Martí, un componente fundamental de la escritura. Esto lo lleva a denostar "el moldecillo azucarado y hueco" para preferir cantar "las estrofas ígneas que en lo hondo de las almas nacen" ("Académica"). Cuando leemos en el mismo prólogo a los *Versos libres* que "van escritos, no en tinta de academia, sino en mi propia sangre", y vemos que el primer poema del libro se titula "Académica" y es un alegato en favor de la libertad y autenticidad de la creación artística, comprobamos la indisociable unión que sostenía entre ética y estética, la referencia continua y fuerte a la "honradez" del poeta y del poema, reafirma la idea. El rechazo del verso académico se asocia también al rechazo al epigonismo. Martí habla de nacimiento,[23] de expresión nueva en una tierra que ha de libertarse también estéticamente. Entonces sus rechazos son una afirmación de la libertad de pensamiento y expresión, en estrecha correlación con la libertad y unión del continente, como cifra en su famosa frase: "Y no habrá literatura hispanoamericana hasta que no haya Hispanoamérica".

La idea de lo nuevo incide continuamente en su escritura. Es evidente la conciencia de la necesidad de forjar una poética acorde con la época. La figura de Walt Whitman es entonces un referente fuerte, sobre todo en tanto constitución de una poesía americana que hablaba con otro acento de las energías que se ponían en movimiento y simultánea-

23 "esta época de génesis", dice Martí.

mente significaba el rechazo a retóricas que la historia dejaba atrás.

La martiana búsqueda del equilibrio no evade la tensión permanente en sus versos. En el nivel sintáctico, ésta se evidencia en el uso de fuertes hipérbaton, de largos períodos comparativos, de acumulaciones de verbos con el sujeto pospuesto, y de lo que podríamos denominar formas irruptivas, es decir, la entrada brusca y vibrante de un enunciado en el fluir del poema, así, por ejemplo, en "Pollice verso" (donde una vez más aparece el recuerdo del presidio) se presenta de golpe, como un reto:

> "Sí! yo también, desnuda la cabeza
> De tocado y cabellos, y al tobillo
> Una cadena lurda, heme arrastrado
> Entre un montón de sierpes, que revueltas
> Sobre sus vicios negros parecían
> Esos gusanos de pesado vientre
> Y ojos viscosos, que en hedionda cuba
> De pardo lodo lentos se revuelcan!"

Se puede ver en este fragmento cierto barroquismo,[24] por ejemplo en la expresión "desnuda la cabeza de tocado y cabellos", acentuado por el encabalgamiento, el cual por otra parte se repite en los versos siguientes. La afirmación de la primera persona se refuerza con el yo inicial y el verbo

[24] La concepción martiana de un "verso natural" no significaba una defensa de la simpleza; no sólo habló de las "sonoridades difíciles" sino que también destacó: "De un amaneramiento sí huyo, pero no de aquel que puede resultar y debe resultar, de pretender poner, con las tradiciones de la lengua, las corrientes de la vida moderna y el fuego del mundo".

con pronombre enclítico: "he-me". Las formas verbales a final de verso dan un crescendo a la descripción, cuyos adjetivos, al relacionarse, arman un campo semántico de lo horrible y degradado: lurda, negros, pesado, viscoso, hedionda, pardo. La aliteración "lodo/lentos" refiere al mismo campo. Por otra parte, el uso de Martí de formas de predicativos como "lentos" hace también a una estructuración crispada de los versos al producir un corte interno para reunir esa predicación con el objeto de ella: "gusanos lentos", en este caso. Esos "movimientos internos" producen un ritmo muy particular y una suerte de espesor poético que se sintetiza en la expresión de F. G. Marruz, en el epígrafe que inicia este apartado.

Esa especie de vibración que recorre sus versos conjuga lo armónico del endecasílabo con la fuerza caótica, batiente y vigorosa de los términos y sintaxis que los constituyen. Nada más lejos de Martí que el tono desmayado o las imágenes desleídas. Por el contrario, el estilo martiano se caracteriza por el uso de la exclamación (admirativa o admonitoria), de afirmaciones contundentes y de todas las formas –fónicas, rítmicas, sintácticas y léxicas– que connoten lo *nítido* e incluso lo incisivo y cortante. Si atendemos al prólogo a los *Versos libres*, esto último es inherente también al proceso de escritura: "*Tajos* son estos de mis propias entrañas [...] No zurcí de éste y aquél, sino *sajé* en mí mismo".

Lo cortante, el rápido salto de una frase a otra, los cambios de ritmo, la sintaxis complejizada producen como efecto una sensación de permanente movimiento en los poemas, muchos de ellos bastante extensos y en algunos casos con formas narrativas incorporadas. En estrecha relación con su tarea de periodista y en un gesto decididamente moderno, Martí compone un poema titulado "El padre suizo" que surge de la noticia de un asesinato. El poema narra los hechos: un padre que mata a sus hijos y se suicida. De allí pasa a un tono netamente exclamativo y a una reivindicación de ese padre al que ve como una víctima de la sociedad que lo condenó al hambre y al exilio. Surgido de una coyuntura, el poema se proyecta a una dimensión totalizadora de lo humano. Las formas de justicia también aparecen en simbolizaciones, tal el caso de "Yugo y estrella" o "Isla famosa", donde surge explícitamente el tema político.

La mostración de los conflictos, rasgos y contradicciones de la modernidad, asume el espacio ciudadano. Como tematización aparece en "Amor de ciudad grande", al que en cierto modo podríamos emparentar con el temprano "En la imprenta" y a su vez a ambos con las crónicas de Nueva York, en tanto diseño de espacio literario nuevo.[25] La sede del modernismo martiano. En "Amor de ciudad grande" la tensión aparece como rasgo estructural del poema. La atracción y el espanto ante la ciudad atraviesan su extensión y abundan las formas exclamativas y los pasajes narrativos.[26] El poema se inicia con un ordenamiento sintáctico inusual que marca un ritmo acelerado: "De gorja son, y rapidez los tiempos, / Corre cual luz la voz; en alta

[25] "Por cierto, si a mediados del siglo XIX, Baudelaire enfrentaba la fealdad de la sociedad industrial con una escritura y una actitud heroicas; si ambicionaba ser leído por las generaciones posteriores como la *antigüedad* de los poetas futuros; y si para sostener este deseo tuvo que combatir nombres y estilos ya instituidos, Martí escribe sus juicios estéticos, bases y preludios de su propuesta poética a través del método de la comparación" (Sonia Contardi, *José Martí. La lengua del destierro*, Rosario, UNR, 1995).

[26] Puede verse un detallado análisis de este poema en Roberto González Echevarría, "Martí y su 'Amor de ciudad grande' Notas hacia la poética de *Versos libres*", en *Isla a su vuelo fugitiva*, Edic. José Porrúa Turanzas S.A., 1983.

aguja,/ cual nave despeñada en sirte horrenda, /húndese el rayo y en ligera barca /el hombre, como alado, el aire hiende".

El hipérbaton es continuo, las comparaciones aparecen como dislocadas por los encabalgamientos, los verbos acentuados sea por su colocación inesperada ("son"), o por abrir el verso, reforzado por la esdrújula ("húndese"). El poema presenta un estado de cosas: "el amor sin pompa ni misterio / muere, apenas nacido de saciado" supone algo así como una síntesis conceptista que va a expandirse en imágenes en los versos siguientes. Martí narra y describe conjuntamente una serie de escenas de la ciudad. Entre ellas aparece una evocación del orden del pasado, que sin embargo se acelera en la acumulación de acciones e imágenes. La tercera estrofa es aforística, sentenciosa, interrogante. Y la final declarativa y fuertemente subjetiva: "Me espanta la ciudad"/ "Tengo miedo". Pero también "tengo sed", y la clave del desencuentro: "soy honrado". La honradez, todo un tópico en Martí, involucra no sólo el aspecto ético, sino también el de reconocimiento de una situación, la convicción y más el rechazo de retornar a un pasado más o menos idealizado, y también lo positivo de la modernidad, su capacidad liberadora, a la par que sus desenfrenos. También honradez entonces para inscribir en sus versos la ambivalencia ante la ciudad. Sobre todo "la ciudad grande", y podemos agregar, la escritura de la ciudad grande. Martí no opta, como su compatriota Julián del Casal por "el impuro amor de las ciudades"[27] ni elige lo mórbido. La tradición whitmaniana, su admiración

[27] El poeta cubano Julián del Casal, a cuya muerte Martí escribió un elogioso artículo, es autor de un poema que comienza "Tengo el impuro amor de las ciudades". Junto con Martí constituyen las dos figuras salientes, en Cuba, del Modernismo Hispanoamericano.

por Ralph Waldo Emerson y su firme creencia en el mejoramiento humano, como lo declara, lo llevan a asediar continuamente ese espacio de los conflictos y las transformaciones, y en el plano poético, al hallazgo de la expresión acorde. Evidencia esta búsqueda en "Estrofa nueva". La Naturaleza aparece como equivalente a la cambiante actividad humana que se verifica en esos días, y al mismo tiempo ambas se igualan a tres términos: "poesía", "estrofa alada" y "grito", cuya correspondencia con los anteriores hacen que no quepan "ni en tercetos, ni en octava estrecha ni en remilgados serventesios", sino justamente en una estrofa nueva. Los dos versos finales dan cuenta también de una figura de poeta, el poeta moderno en su desgarramiento o por lo menos su descolocación: "[...] Cuando, oh, Poesía,/ cuando en tu seno reposar me es dado". [28]

Por los cortes y las variaciones, el ritmo se parece más a una sucesión de latidos que pueden acelerarse o decrecer que a una sucesión regular de acentos. Los poemas se presentan como revueltos, la velocidad los espirala y las discontinuidades y cortes exhiben el conflicto entre deseo de armonía y vértigo. Lo multifacético surge casi como una necesidad ante la convicción de que "las palabras han de ser brillantes como el oro, ligeras como el ala, sólidas como el mármol" (*OC* p. 214), convicción ésta que se confirma en cada verso martiano, con el agregado de que "ala" aparece como una especie de tópico en su obra capaz de condensar la idea de lo fuerte, lo rasante, lo etéreo y lo móvil.

La exaltación de los ideales, el énfasis de las denuncias

[28] "Desde la posición enunciativa de un primigenio veedor de la cultura moderna, Martí medita sobre la ausencia de autonomía en el continente y enfatiza la falta de un territorio capaz de dar cabida a una poética propia." Sonia Contardi, *op. cit.*, p. 26.

y de las declaraciones patrióticas, cede a veces ante los poemas que hablan del amor, de la sensualidad y cuentan sobre todo de su modo de escribir la pasión o el erotismo, por ejemplo en "Pomona". Esta zona reaparecerá con otras imágenes y ritmos en los *Versos sencillos*, como la serie de "Eva".

El yo todavía romántico, de tono admirativo, angustiado o exclamatorio[29] que dejan ver muchos de estos poemas se ve singularizado, contrapesado, tal vez, por el agudo registro martiano de lo nuevo y en proceso de transformación; por eso los verbos en presente y enlazados, expresando la urgencia en el ritmo desatado[30] como suscitado por la excitante presencia de la multitud. Justamente ese rasgo de inmediatez y de singularidad que aparece en los versos se aparta de una visión abstractizada y general. Dejado el sentimentalismo que nos lo aleja, trasmite, como alguien que se asomara a una tierra que no llegará a conocer (esto es, el siglo XX), la cabal visión de un hombre capaz de analizar con inmensa lucidez el fin de un tiempo y el inicio de otro. La aceptación del sacrificio y el dolor como forjadores de la eticidad y necesarios para parir una época mejor, y la confianza en lograrlo, el sufrimiento y la necesidad de un equilibrio se manifiestan plenamente en la composición de estos versos. Una economía significante basada en la austeridad ("destiérrese la pompa") no se contrapone con la diversifica-

29 Define Cintio Vitier: "Forman estos versos la región volcánica de su poesía", en Manuel Pedro González, *op. cit.*, p. 382.

30 Cuando Domingo Faustino Sarmiento leyó a Martí, escribió a Paul Groussac: "En español nada hay que se parezca a esta salida de bramidos de Martí, y después de Víctor Hugo, nada presenta la Francia de esta resonancia en metal" (publicada en *La Nación* de Buenos Aires en enero de 1887).

ción y el libre intercambio[31]. La irrupción de la palabra como grito desgarrado produce también una fisura en la convención poética. Los *Versos libres* con su adjetivación sólida, su estilo directo y la ruptura rítmica del endecasílabo atestiguan el emplazamiento de una poética nueva.

Versos sencillos

> *There is not a particle to spare in natural structures [...] In rethorica, this art of ommission is a chief secret of power, and, in general, it is proof of high culture to say the greatest matters in the simplest way.*
>
> Ralph Waldo Emerson, "Beauty" [32]

El prólogo de los *Versos,* dedicados a Manuel Mercado y a Enrique Estrázulas, parece, en sus dos extensos párrafos, poner en escena la dimensión política y la poética. Una situación amenazante, la creciente influencia de los Estados Unidos, en la imagen del águila apretando en sus garras a los países del sur, y al mismo tiempo, y en medio de esos tiempos, de pronto, la pregunta por el por qué de esos versos, distintos por otra parte, de los estentóreos *Versos libres,* y también de los para siempre secretos *Versos cubanos.*

Los *Versos sencillos* siguen siendo un producto del Mo-

[31] Sobre el pensamiento económico martiano puede consultarse: Rafael Almanza Alonso, *En torno al pensamiento económico de José Martí,* Editorial de Ciencias Sociales de La Habana, 1990.

[32] No hay una partícula de más en las estructuras naturales ... En la retórica, este arte de la omisión es un secreto clave de poder, y, en general, es prueba de alta cultura decir las cosas más grandes de la manera más simple.

dernismo Hispanoamericano difícil de definir en relación con las líneas generales del movimiento.[33] Las cuarenta y seis secciones que componen el libro entrañan diversidades internas y al mismo tiempo conforman una unidad, en el mismo sentido de que hablábamos en el *Ismaelillo* de un libro unitario, pero, no se da en este caso, por un núcleo temático persistente e irradiador de imágenes centrípetas. Los *Versos sencillos* son un conjunto de cuartetas octosílabas y con rima consonante, que emergen como en impromptu a partir de un yo que se construye en los poemas, que devienen actos y atributos de ese yo. Primordialmente el de ver, metafóra de construir imágenes,[34] y el de saber y dar a conocer, es decir, el yo testigo, soporte del amor/dolor. La regularidad que favorecerían los versos octosílabos, las rimas consonantes y las formas anafóricas, es atravesada por combinatorias de oposiciones y antítesis de modo tal que una tensión se sobreimprime sobre la aparente superficie homogénea con el consecuente efecto aumentado de moción interna incesante. Podría hablarse respecto de este poemario uno y diverso, por su impulsión, colorido y levedad, de una estructura caleidoscópica.

Los *Versos sencillos* semejan un conjunto de aguafuertes[35] en clave de difícil sonoridad; podemos hablar así de una compleja estructura en la "sencillez" del octosílabo, en

33 Para una vista de conjunto puede consultarse el libro de Max Henríquez Ureña, *Breve historia del modernismo hispanoamericano*, México, FCE, 1954.

34 Ya en el prólogo a los *Versos* Martí resume la situación política en la descripción del águila en el escudo.

35 Así como acudo al término epifanías para describir la impresión de lectura de estos versos, también me parece pertinente mencionar el de "aguafuertes" en tanto técnica pictórica.

la "ingenuidad" de las consonancias, emergentes de la captación de situaciones extrañas y conflictivas, que ese yo múltiple, fragmentado y contradictorio, no cesa de aludir y fenomenizar o epifanizar en una continua invocación a las formas de la "autencidad" que se deshace de lo artificial no sólo en el sentido poético discursivo sino también en lo que connotan en tanto dimensión existencial: autenticidad de "los pobres de la tierra", del sol en oposición al quitasol, del templo de la montaña frente a la liturgia del Obispo, del crimen que subyace a la ley del rey (V.S. III, XXIX). El carácter epifánico[36] tiene que ver con el impulso eficiente que se logra a través de formas del imperativo, verbos de conocimiento y opinión a cargo de una primera persona, la presentación rotunda del tema, remates bruscos, sentencias inapelables, reafirmados por la brevedad métrica.

Los difuminados, las formas lábiles ceden paso a los elementos sólidos, a los colores complementarios puros: verde claro, carmín encendido. En esta búsqueda de sinceridad las imágenes las provee la Naturaleza, por cuanto ésta no finge ni miente. La idea emersoniana traza un sentido al discurso poético, y éste, por ser susceptible de expandirse a un Universal, halla su posibilidad unitiva y expresiva. La serie de la Naturaleza y la serie de la Cultura se sostienen

36 En *Stephen Hero* de James Joyce leemos: "Esta trivialidad le hizo pensar en recopilar muchos momentos similares en un libro de epifanías. Por epifanía entendía una repentina manifestación espiritual, fuera en tanto en el discurso o gesto vulgar o en una fase memorable de la mente". Podría decirse que el concepto de Joyce opera *avant la lettre* en la textualidad martiana como una especie de nexo doble: entre la matriz simbolista y la vanguardia. Al respecto anota Cintio Vitier: "Martí vio muy bien la poesía de las conversaciones fugaces que se oyen, las que después llamara Joyce 'epifanías de lo cotidiano'", *Temas Martianos, op. cit.*, p. 222.

en forma paralela, no complementaria, la relación entre ambas es conflictiva, las analogías, por lo tanto, escapan a las previsibles comparaciones sobre parámetros fijos para presentar otra lógica: "[...] Graznan dos: atento al dúo/ Alzo los ojos, y veo/ Que la iglesia del paseo/ Tiene la forma de un búho" (*VS*, XXXII).

El yo se presenta como fuente de la certeza. Las experiencias del amor y del dolor conjuntamente autorizan la voz enunciativa, que lleva como atributos la sinceridad y la honradez. Es una voz unificadora que coteja saberes y los jerarquiza. La primera persona en función de testigo, y esto en tanto heraldo, anuncia la buena nueva. Podría decirse que gran parte del trabajo de escritura martiano consiste en operaciones que autorizan su lugar de enunciación haciéndolo coincidir con el de la verdad al presentar un sistema de oposiciones sobre las cuales se operan elecciones: falso-/sincero, artificial/natural, deshonesto/honrado, impuro-/puro. La imagen martiana en los *Versos sencillos* es precisa, exacta y afilada, aparece con la inminencia y la coloquialidad del octosílabo y su instantaneidad se debe también a la ausencia de secuencias argumentativas como las que presentan algunos poemas de *Versos libres*; y en los casos de narraciones, el modo quizá romanceado (el estilo paratáctico de los romances españoles) las aligera notablemente. A esto se suma la movilidad interna, los paralelismos inversos o los cambios repentinos de ritmo, como en el brillante retrato de la bailarina española.

La supresión de nexos consecutivos, causales, etc., y las estructuras paralelas convienen a interesantes confrontaciones de elementos dispares que entran en cotejo.[37] La breve-

[37] En el citado trabajo "Indagación de la ideología en la poesía", Ángel Rama realiza un análisis exhaustivo de estas oposiciones toman-

dad, intesidad y síntesis caracterizan a las cuartetas, que asumen, en algunas estrofas, la cerrazón de la redondilla.[38] La relación que establece Fina García Marruz entre los poemas compuestos por dos cuartetas como una décima trunca, en la que los dos versos centrales estarían en ese blanco que las separa, tiene más que ver, según ella lo ha sostenido, con la entonación y menos con la estructura. Durante su conferencia en el Centenario de Martí[39] señaló que no se trataba de "un discurso fluido, seguido, como el de la décima, sino que inmediatamente surge otra voz, un contrapunto de otra voz. Uno dice una cosa, viene el otro, dice, y hay un tercer elemento relacionador que es la pulsación del laúd y la guitarra, la armonía, que viene a relacionar las dos cosas contradictorias. La forma de la redondilla es esencial en los *Versos sencillos*, porque son como esos planetoides aislados que giran en torno al sol". Fina García Marruz atribuye a estos rasgos un carácter esencialmente cubano, contrapone al español que "se sentía dueño de la tierra, con un ejército mayor y cuadros cerrados", con

---

do primordialmente los poemas compuestos por dos cuartetas donde funcionan las dos series.

[38] Santiago de Cuba, 15-19 de mayo de 1995.

[39] Vale recordar los siguientes conceptos:

Copla: estrofa formada por cuatro versos octosílabos con rima asonante en los pares.

Copla castellana: pareja de redondillas con 4 rimas ABBA: CDDC.

Redondilla: estrofa aconsonantada de versos de arte menor con rima ABBA.

Décima: estrofa aconsonantada, formada por diez versos octosílabos, cuyas rimas se combinan ABBAACCDDC.

Cuarteta: estrofa aconsonantada de versos de arte menor que riman ABAB.

el cubano "en un movimiento de guerrillas asediando la plaza, y circulando"; idéntico movimiento observa en la textualidad martiana, en lo que denomina su "centelleo".

La imagen no es adorno, valor agregado, sino esencial elemento poético, y tiene también relación con el rechazo a la que denominaba "poesía cerebral"; esto señala, evidentemente, una concepción particular de la poesía, en la que la reflexión no está ausente, pero sí la abstractización. Los elementos y sentimientos aparecen en su inmediatez y concretez, y en general a través del yo que los experimenta o mira y hace alguna constatación a partir de esa actividad esencialmente inductiva. "Yo sé de un pesar profundo/ Entre las penas sin nombre:/ ¡La esclavitud de los hombres/ Es la gran pena del mundo! (*VS*, XXXIV)." En la sección XXI esta relación entre el yo particular y el hombre en su condición de tal, se da por la vinculación entre las dos estrofas. El uso del presente indicativo en ambos casos se disocia en dos funciones: narrar la experiencia personal y enunciar una proposición general: "Guardo en mi cama de roca / mi sueño dulce y profundo */sopla una abeja en mi boca / y crece en mi cuerpo el mundo.*"

La variedad de temas que aparecen en los poemas tiene que ver con la poderosa actitud unificadora que se evidencia en la construcción de estos versos donde intervienen tanto la corporeidad como el pensamiento, las ideas como las imágenes, profundamente imbricadas por otra parte.[40] Los elementos unitivos refieren a una estructura mayor y no a un conjunto de proposiciones aisladas. La composición está

[40] "El lenguaje ha de ser matemático, geométrico, escultórico. La idea ha de encajar exactamente en la frase, tan exactamente que no pueda quitarse nada de la frase sin quitar eso mismo de la idea" (José Martí, *Obras completas*, t. 21, p. 255).

concebida como la formación de un orden que se proyecta de lo individual a lo universal y cuyo rasgo definitorio es la integración armónica de los constituyentes, que además se producen en tanto operaciones de disyunción y relación dialéctica. En el conjunto mayor del Universo se integran los órdenes temporales, espaciales y personales, y la elección de lo ético es lo que posibilita tal integración que descontadamente se hace en forma armónica, lo que no implica ausencia de conflicto o incertidumbre. Ésta es tal vez la forma de eso que se ha llamado el barroquismo martiano, y que él mismo consideró en cierto modo un amaneramiento. Podemos hablar menos de barroquismo en tanto estilo recargado que, adaptando la expresión de Martí, de *maniera,* tratamiento del lenguaje conforme al ajuste perfecto entre la palabra y la idea, que defendía. La reflexión martiana destaca también la tensión entre uso/novedad de las palabras, cuando opone al "cuerpo" de ellas al que hay que llegar, la "envoltura" –en tanto velamiento– del uso. La carnalidad significante, el material, debe ser analizado a fondo, como la piedra que tiene sus cristales en el centro mismo de ella.

El verso emerge como el interlocutor fundamental. El yo que enuncia ha señalado varias segundas personas frente a las cuales y por las cuales se constituye, hasta afirmar una relación primordial que en un fenómeno de retroacción incita a revisar el conjunto de yoes y poemas acumulados para verificar la relación esencial condensada en la identificación del poeta con el verso asociado a su vez a Universo. Los desplazamientos visibles en la siguiente cuarteta (*VS*, XLIV) celebran utópicamente la condición buscada: "Arpa soy, salterio soy,/ donde vibra el Universo/ vengo del sol y al sol voy/ soy el amor, soy el verso".

SUSANA CELLA

Bibliografía consultada

Contardi, Sonia, "Los poetas leídos por un poeta, José Martí", en *Actas del primer congreso de estudios latinoamericanos, Homenaje a José Martí a los 100 años de Nuestra América y Versos sencillos*, UNLP, 1994.

Darío, Rubén, *Los raros*, Buenos Aires, Losada, 1995.

Emerson, Ralph Waldo, *The basic writings of America's sage*, editado por Eduard C. Lindeman, Nueva York, Penguin Books, 1947.

González Echevarría, Roberto, "Martí y su 'Amor de ciudad grande': Notas hacia la poética de Versos libres", en *Isla a su vuelo fugitiva*, Madrid, Edic. José Porrúa Ruranzas S.A., 1983.

Henríquez Ureña, Max, *Breve historia del modernismo hispanoamericano*, México, FCE, 1954.

Martí, José, *En las entrañas del monstruo*, La Habana, Centro de Estudios Martianos, 1984.

Vitier, Cintio y García Marruz, Fina, *Temas martianos*, La Habana, Biblioteca Nacional José Martí, 1969.

OBRAS PRIMERAS

[CARTA DE MADRUGADA A SUS HERMANAS ANTONIA Y AMELIA]

Me han dicho que hay dos ángeles
Estremecidos,
Que habitan de pasada
Un pobre nido.
Me han dicho que a la puerta
Del caserío,
Asoman los lobeznos
De los caminos.
Me han dicho que los ángeles,
Desfallecidos,
Tristes de no ver cielo,
Lloran impíos.
¡No se corten las alas
Los angelillos,
Que cuando el cielo luzca
No podrían ya volar del pobre nido!

1868?

I BRIGADA–113

Mírame, madre, y por tu amor no llores:
Si esclavo de mi edad mis doctrinas,
Tu mártir corazón llené de espinas,
Piensa que nacen entre espinas flores.

Presidio, 28 de agosto de 1870

[A FERMÍN VALDÉS DOMÍNGUEZ]

Hermano de dolor, –no mires nunca
En mí al esclavo que cobarde llora;–
Ve la imagen robusta de mi alma
Y la página bella de mi historia.

Presidio, 28 de agosto de 1870

FRAGMENTO

A bailar! a bailar! las turbas gritan
Y ebrias y palpitantes las mujeres
En brazos de un galán se precipitan.
Oh! qué dulce es vivir entre placeres
Vida febril, fascinadora, loca!–
Verdad que a veces algún alma cae
Y al santo hogar inmaculado trae
Un miserable corazón de roca,
U oscuras manchas de negruzco lodo
En el virgíneo manto;–
Cuerpos sin alma, –almas sin honra,– todo
Es verdad.

–Es verdad! maldito canto!
A bailar! a bailar! Ahogue la fiesta
Esa terrible voz! Presto las damas!
A mí los del placer! Suene la orquesta.
–Bailemos, pues.– La fiebre del deseo
Mal contenido en el mundano pecho,
Desbordada se lanza

Fuera del cuerpo que le viene estrecho
En brazos absorbentes de la danza.–
Baila, mujer! Un hombre te comprime
Con tembloroso abrazo y tu inocencia
En vano el fuego de tu ardor reprime!
Rojo color enciende tus mejillas!
Mustia la flor de tus cabellos cae!
Adiós! Un paso más!...

¡Ay! las sencillas
Vírgenes del hogar ¿no se os alcanza
Que así cual se marchitan esas flores,
Se marchita la flor de la esperanza
Y la más bella flor de los amores?–

Como arrastra terrible al remolino
El equilibrio roto de las aguas,
Así arrastra al confuso torbellino
El vértigo fatal. Queman mi frente
Los femeniles brazos que la rozan;–
Arde en los ojos luz fosforescente;–
Los aéreos vestidos se destrozan
Y dentro este volcán de lava hirviente
Todo en aquellos que bailando gozan
De su existencia natural se exalta:–
Oh! no bailéis así! –Si todo falta
A la ley previsora de la vida,–
Si el equilibrio natural se rompe,–
Si todo en brazos de ese Dios se olvida,–
¿Qué terrible poder os da derecho
Para decirnos con razón mentida
Que en medio a esa carrera sin medida

No se os escapa el corazón del pecho?
–Es verdad! Es verdad! Maldito canto!
A bailar! a bailar! ahogue la fiesta
Esa terrible voz! presto las damas!
A mí los del placer! Suene la orquesta!–

–Bailemos, pues. Suavísima es la danza.–
Dulce el calor del tembloroso seno
Que estrecho contra mí; –flexible ondea
El talle de mi dama,
Como la fresca y amorosa grama
Al fecundante soplo de la brisa;–
Bella es la vida en mágico embeleso!–
A mí los del placer! –Una sonrisa!–
A mí las hijas del Amor! –un beso!
A bailar! a bailar! Ah! Ya no quiero
Verte lejos de mí: verte es mi vida!–
Deja, mujer, que en tus miradas beba
La fiebre del placer, –deja que estreche
Este nido de amor que me arrebata;–
Deja que aspire entre tus labios rojos
El almíbar sabroso que me anuncia
La languidez divina de tus ojos;–
Amemos y murámonos... ¿qué es esto
Con que mis pies tropiezan?–
–Esto? Nada.
La honra de una mujer que se ha caído
Y que anda por aquí pisoteada.–

Resonó entonces cerca de mi oído
Lúgubre y cavernosa carcajada.
–Ya sabes qué es bailar: aquí ¿qué vemos?

Y mi demonio y yo nos enlazamos,–
Y ellos dijeron otra vez: –*bailemos!*
Y yo le dije una vez más: –*riamos!*
Madrid, enero de 1872

A EMMA

No sientas que te falte
el don de hablar que te arrebata el cielo,
no necesita tu belleza esmalte
ni tu alma pura más extenso vuelo.

No mires, niña mía,
en tu mutismo fuente de dolores,
ni llores las palabras que te digan
ni las palabras que te faltan llores.

Si brillan en tu faz tan dulces ojos
que el alma enamorada se va en ellos,
no los nublen jamás tristes enojos,
que todas las palabras de mis labios,
no son una mirada de tus ojos...

Villaviciosa, 10 de julio, 1872

A MIS HERMANOS MUERTOS EL 27 DE NOVIEMBRE

Cadáveres amados, los que un día
Ensueños fuisteis de la patria mía,
¡Arrojad, arrojad sobre mi frente
Polvo de vuestros huesos carcomidos!
¡Tocad mi corazón con vuestras manos!
¡Gemid a mis oídos!
Cada uno ha de ser de mis gemidos
Lágrimas de uno más de los tiranos!
¡Andad a mi redor; vagad, en tanto
Que mi ser vuestro espíritu recibe,
Y dadme de las tumbas el espanto,
Que es poco ya para llorar el llanto
Cuando en infame esclavitud se vive!

*
*   *

Y tú, la muerte, hermana del martirio,
Amada misteriosa
Del genio y el delirio,
Mi mano estrecha, y siéntate a mi lado:
¡Os amaba viviendo, mas sin ella
No os hubiera tal vez idolatrado!

*
*   *

En lecho ajeno y en extraña tierra
La fiebre y el delirio devoraban
Mi cuerpo, si vencido, no cansado,
Y de la patria gloria enamorado,
El brazo de un hermano recibía

Mi férvida cabeza,
Y era un eterno inacabable día
De sombras y letargos y tristeza!

*

* *

De pronto vino, pálido el semblante
Con la tremenda palidez sombría
Del que ha aprendido a odiar en un instante,
Un amigo leal, antes partido
A buscar nuevas vuestras decidido.
La expresión de la faz callada y dura,
Los negros ojos al mirar inciertos,
Algo como de horror y de pavura,
La boca contraída de amargura,
Los surcos del dolor recién abiertos
Mi afán y mi ansiedad precipitaron.
–¿Y ellos? ¿y ellos? mis labios preguntaron:
–¡Muertos! me dijo: ¡muertos!
Y en llanto amargo prorrumpió mi hermano,
Y se abrazó llorando con mi amigo,
Y yo mi cuerpo alcé sobre una mano,
Viví en infierno bárbaro un instante,
Y amé, y enloquecí, y os vi, y deshecho
En iras y en dolor, odié al tirano,
Y sentí tal poder y fuerza tanta
Que el corazón se me saltó del pecho,
Y lo exhalé en un ¡ay! por la garganta.

*

* *

Y vime luego en el ajeno lecho,
Y en la prestada casa, y en sombría
Tarde que no es la tarde que yo amaba,

Y quise respirar, y parecía
Que un aire ensangrentado respiraba!
Vertiendo sin consuelo
Ese llanto que llora al patrio suelo,
Lágrimas que después de ser lloradas
Nos dejan en el rostro señaladas
Las huellas de una edad de sombra y duelo,–
Mi hermano cuidadoso
Vino a darme la calma generoso.
Una lágrima suya,
Gruesa, pesada, ardiente,
Cayó en mi faz; y así cual si cayera
Sangre de vuestros cuerpos mutilados
Sobre mi herido pecho, y de repente
En sangre mi razón se oscureciera,
Odié, rugí, luché; de vuestras vidas
Rescate halló mi indómita fiereza...
¡Y entonces recordé que era impotente,
Cruzó la tempestad por mi cabeza
Y hundí en mis manos mi cobarde frente!

*

*   *

Y luché con mis lágrimas, que hervían
En mi pecho agitado y batallaban
Con estrépito fiero,
Pugnando todas por salir primero.
Y así como la tierra estremecida
Se siente en sus entrañas removida,
Y revienta la cumbre calcinada
Del volcán a la horrenda sacudida,
Así el volcán de mi dolor, rugiendo,
Se abrió a la par en abrasados ríos,

Que en rápido correr se abalanzaron,
Y que las iras de los ojos míos
Por mis mejillas pálidas y secas
En tumulto y tropel precipitaron.

*

*   *

Lloré, lloré de espanto y de amargura:
Cuando el amor o el entusiasmo llora
Se siente a Dios, y se idolatra, y se ora;
¡Cuando se llora como yo, se jura!

*

*   *

Y yo juré! Fue tal mi juramento,
Que si el fervor patriótico muriera,
Si Dios puede morir, nuevo surgiera
Al soplo arrebatado de su aliento!
Tal fue que si el honor y la venganza
Y la indomable furia
Perdieran su poder y su pujanza,
Y el odio se extinguiese, y de la injuria
Los recuerdos ardientes se extraviaran,
De mi fiera promesa surgirían,
Y con nuevo poder se levantaran,
E indómita pujanza cobrarían!

*

*   *

Sobre un montón de cuerpos desgarrados
Una legión de hienas se desata,
Y rápida y hambrienta,
Y de seres humanos avarienta,

La sangre bebe y a los muertos mata.
Hundiendo en el cadáver
Sus garras cortadoras,
Sepulta en las entrañas destrozadas
La asquerosa cabeza; dentro el pecho
Los dientes hinca agudos, y con ciego
Horrible movimiento se menea,
Y despidiendo de los ojos fuego,
Radiante de pavor, levanta luego
La cabeza y el cuello en sangre tintos:
Al uno y otro lado
Sus miradas estúpidas pasea,
Y de placer se encorva, y ruge, y salta,
Y respirando el aire ensangrentado
Con bárbara delicia se recrea.
Así sobre vosotros,
–Cadáveres vivientes,
Esclavos tristes de malvadas gentes,–
Las hienas en legión se desataron,
Y en respirar la sangre enrojecida
Con bárbara fruición se recrearon!

*

*   *

Y así como la hiena desaparece
Entre el montón de muertos,
Y al cabo de un instante reaparece
Ebria de gozo, en sangre reteñida,
Y semeja que crece,
Y muerde, y ruge, y rápida desgarra,
Y salta, y hunde la profunda garra
En un cráneo saliente,
Y, al fin, allí se para triunfadora,

Rey del infierno en solio omnipotente,–
Así sobre tus restos mutilados,
Así sobre los cráneos de tus hijos,
Hecatombe inmortal, puso sedienta,
Despiadada legión garra sangrienta!
Así con contemplarte se recrea!
Así a la patria gloria te arrebata!
Así ruge, así goza, así te mata!
Así se ceba en ti! –¡maldita sea!

*

* *

Pero ¿cómo mi espíritu exaltado,
Y del horror en alas levantado,
Súbito siente bienhechor consuelo?
¿Por qué espléndida luz se ha disipado
La sombra infausta de tan negro duelo?
¿Ni qué divina mano me contiene,
Y sobre la cabeza del infame
Mi vengadora cólera detiene?...

*

* *

Campa! Bermúdez! Álvarez!... ¡Son ellos,
Pálido el rostro, plácido el semblante;
Horadadas las mismas vestiduras
Por los feroces dientes de la hiena!
¡Ellos los que detienen mi justicia!
¡Ellos los que perdonan a la fiera!–
¡Déjame ¡oh gloria! que a mi vida arranque
Cuanto del mundo mísero recibe!
¡Deja que vaya al mundo generoso,
Donde la vida del perdón se vive!

*

* *

Ellos son! Ellos son! Ellos me dicen
Que mi furor colérico suspenda,
Y me enseñan sus pechos traspasados,
Y sus heridas con amor bendicen,
Y sus cuerpos estrechan abrazados!
Y favor por los déspotas imploran!
Y siento ya sus besos en mi frente,
Y en mi rostro las lágrimas que lloran!

*

* *

Aquí están, aquí están! En torno mío
Se mueven y se agitan...
–Perdón!
–Perdón!
–¿Perdón para el impío?
–Perdón! Perdón! me gritan,
Y en un mundo de ser se precipitan!

*

* *

¡Oh! gloria, infausta suerte:
Si eso inmenso es morir, dadme la muerte!

*

* *

–Perdón! –así dijeron
Para los que en la tierra abandonada
Sus restos esparcieron!–
¡Llanto para vosotros, los de Iberia
Hijos en la opresión y la venganza!–

Perdón! Perdón! esclavos de miseria!–
Mártires que murieron, bienandanza!–
La Virgen sin honor del Occidente,
El removido suelo que os encubre
Golpea desolada con la frente,
Y al no hallar vuestros nombres en la tierra
Que más honor y más mancilla encierra,
Del vértigo fatal de la locura
Horrible presa ya, su vestidura
Rasga y emprende la veloz carrera,
Y, mesando su ruda cabellera,
–¡Oh, –clama– pavorosa sombra oscura!
Un mármol les negué que los cubriera
Y un mundo tienen ya por sepultura!

*

* *

Y más que un mundo, más! Cuando se muere
En brazos de la patria agradecida
La muerte acaba, la prisión se rompe;
Empieza, al fin, con el morir la vida!

*

* *

Oh! más que un mundo, más! Cuando la gloria
A esta estrecha mansión nos arrebata,
El espíritu crece,
El cielo se abre, el mundo se dilata
Y en medio de los mundos se amenace!

*

* *

Déspota: mira aquí cómo tu ciego

Anhelo ansioso contra ti conspira:
Mira tu afán y tu impotencia, y luego
Ese cadáver que venciste mira,
Que murió con un himno en la garganta,
Que entre tus brazos mutilado expira
Y en brazos de la gloria se levanta!
No vacile tu mano vengadora;
No te pare el que gime ni el que llora:
¡Mata, déspota, mata!
¡Para el que muere a tu furor impío
El cielo se abre, el mundo se dilata!

Madrid, 1872

SÍNTESIS

I

Yo iría, sí, –yo iría
A ese cuerpo gentil, pero ¿quién sabe
Si he de encontrar en él un alma fría?
¡Que ese fácil amor otro se lleve!
Amar a un cuerpo es sepultarse en nieve!

II

Lo abstracto es la verdad, y lo concreto
Es la traba del alma, y lo anchuroso

Es el movible punto de reposo
Para el corcel de la existencia inquieto!

III

El alma universal dos hijos tuvo,
Cada ser en mitad viene a la tierra:
¡Así es toda la vida del humano
Buscar, siempre buscar, su ser hermano!

IV

Hay frío: mi dolor. –El sol despierta:
Un alma de mujer llama a mi puerta.

V

Espera, que ha caído
Una flor de tu pecho, Rosalía.
–Marchita está la flor; ¿cómo habrá sido?
¡La pobre flor de envidia se moría!

VI

¡Oh, la niña purísima y gallarda!
¡No ve que hasta la reja
Se agita, y se me queja,
Desesperada ya por lo que tarda!

VII

Hermosa tú, yo joven; pues ¿la vida
Es algo más que el punto en que se olvida?

Revista Universal, México, 25 de abril de 1875

SIN AMORES

Llorando el corazón, llorando tanto
Que no veo el papel en que te escribo,
Aquí te voy diciendo
Que ya me estoy muriendo
De tanto como vivo!

Ni tú, ni tú que con tus manos blancas
Apretaste las iras en mi frente,
Que tal me palpitaban
Que casi se saltaban
Del círculo candente;

Ni tú devuelves el calor perdido
Al ser amante que en mí mismo yace,
Yo cumplo mi condena;
Ésta es del vino pena:
Ni muérese ni nace.

Aquello que se sueña, no se tiene
En lo que el triste humano a haber alcanza;
Y para más tormento
Locura es el invento
Humano de esperanza.

Esperan los que viven bien hallados:
El torpe espera, espera bien el ciego:
¡Yo floto, abandonado
En este mar helado,
Sin ondas y sin fuego!

Y creo, yo sí creo; pero vive
Tan lejana y tan alta mi creencia
    Que dejo, peregrino,
    Más sangre en el camino
    Que hay luz en mi conciencia!

Y besabas tú bien: yo hago memoria
De aquel beso apretado de aquel día:
    Fue largo: nos dormimos
    Y, cuando en nos volvimos,
    Duraba todavía!

Te quiero, algo te quiero: y cuando fueras
En mis recuerdos por indigna un peso,
    Quisiérate, alma bella,
    Por nuestra noche aquella,
    Por nuestro largo beso!

Pero es ley de la vida la fatiga,
Y se nos cansa pronto la memoria;
    Fatiga haber amado;
    Fatiga haber llorado;
    Nos cansa la victoria.

Si quieres que te ame, yo te diese
Mi amor que, amado tanto, aún no despierta;
    Moléstanme amoríos,
    Serviles desvaríos
    De un alma medio muerta:

El cuerpo me sacude y enamora
Y pálida de amor el alma llevo;
    Yo quiero, –¡Oh fin de males!–

Con labios nunca iguales
Un beso siempre nuevo!

Revista Universal, México, 13 de junio de 1875

DOS HONRAS

I

–Señor, mi madre tenía
Hambre una noche, y al punto
Robé, resistió: un difunto
La noche en sí recibía.

–Tu madre hambrienta, tú loco:
Fuiste ladrón no culpado:
Para condenarte es poco:
¡Álzate, hombre: eres honrado!

II

–Señor, mi madre tenía
Hambre una noche: salí
Por si alguien cuerpo quería:
Me compraron, me vendí!
–Tu madre hambrienta, tú loca:
Infame fuiste y culpada;
El cieno vive en tu boca:
¡Aparta, mujer manchada!

Pues que por un hambre igual
Él robó lo que quería
En una noche fatal,
Y ella dio lo que tenía
Por el hambre maternal;

Si honra merece el ladrón
Porque el pudor de hombre olvida
En la materna aflicción,
Honrada es la honra perdida,
Si no vende el corazón!

12 de junio de 1875

Revista Universal. México, 13 de junio de 1875

VERSOS

I

¡Oh, mi vida que en la cumbre
Del Ajusco hogar buscó,
Y tan fría se moría
Que en la cumbre halló calor!

¡Oh, los ojos de la virgen
Que me vieron una vez,
Y mi vida estremecida
En la cumbre volvió a arder!

II

Entró la niña en el bosque
Del brazo de su galán,
Y se oyó un beso; otro beso,
Y no se oyó nada más.

Una hora en el bosque estuvo;
Salió al fin el galán:
Se oyó un sollozo, un sollozo,
Y después no se oyó más.

III

En la falda del Turquino
La esmeralda del camino
Los incita a descansar:
El amante campesino
En la falda del Turquino
Canta bien y sabe amar.

Guajirilla ruborosa:
La mejilla tinta en rosa
Bien pudiera denunciar,
Que en la plática sabrosa,
Guajirilla ruborosa,
Callar fue mejor que hablar.

IV

Allá en la sombría,
Solemne Alameda,
Un ruido que pasa,

Una hoja que rueda,
Parece un malvado
Gigante que alzado
El brazo le estruja,
La mano le oprime,
Y el cuello le estrecha,
Y el alma le pide.–
Y es ruido que pasa,
Y es hoja que rueda,
Allá en la sombría,
Callada, vacía,
Solemne Alameda.

V

–¡Un beso!
–¡Espera!
Aquel día
Al despedirse se amaron.

–¡Un beso!
–¡Toma!
Aquel día
Al despedirse lloraron.

VI

La del pañuelo de rosa,
La de los ojos muy negros,
No hay negro como sus ojos
Ni rosa cual tu pañuelo.

La de promesa vendida,
La de los ojos tan negros,
Más negras son que tus ojos
Las promesas de tu pecho.

VII

–¿Ése?
–Está muerto.
–¿Vive?
–Anda vivo.
–¡Sacúdelo! –En verdad que no se mueve:
La vida sin amor es muerte y nieve.

–Un beso.
–¡Está despierto!
–¡Yo te amo!
–¡Cuán altivo!
El alma siente palpitar robusta;
¡Oh, ley de amor generadora y justa!

VIII

De tela blanca y rosada
Tiene Rosa un delantal,
Y a la margen de la puerta,
Casi casi en el umbral,
Un rosal de rosas blancas
Y de rojas un rosal.

Una hermana tiene Rosa
Que tres años besó abril,
Y le piden rojas flores

Y la niña va al pensil,
Y al rosal de rosas blancas
Blancas rosas va a pedir.

Y esta hermana caprichosa
Que a las rojas nunca va,
Cuando Rosa juega y vuelve
En el juego el delantal,
Si ve el blanco abraza a Rosa,
Si ve el rojo da en llorar.

Y si pasa caprichosa
Por delante del rosal
Flores blancas pone Rosa
En el blanco delantal.

Revista Universal, México, 11 de agosto de 1875

DE NOCHE, EN LA IMPRENTA

Hay en la casa del trabajo un ruido
Que me parece un fúnebre silencio.
Trabajan; hacen libros: –se diría
Que están haciendo para un hombre un féretro.
Es de noche; la luz enrojecida
Alumbra la fatiga del obrero;
Parecen estas luces vacilantes
Las lámparas fugaces de San Telmo,

Y es que está muerto el corazón, y entonces
Todo parece solitaro y muerto.

Es la labor de imprenta misteriosa:
Propaganda de espíritus, abiertos
Al Error que nos prueba, y a la Gloria,
Y a todo lo que brinda al alma un cielo,
Cuando el deber con honradez se cumple,
Cuando el amor se reproduce inmenso.
Es la imprenta la vida, y me parece
Este taller un vasto cementerio.
Es que el Cadáver se sentó a mi lado,
Y me hiela el amor con que amaría,
Y hasta el cerebro mismo con que pienso!
Es que la muerte, de miseria en forma,
Comió a mi mesa y se acostó en mi lecho.

Hay hombres en mi torno; pero el alma
Fugitiva del mundo, va tan lejos
Que en esta lucha por asirla al poste,
De mí se escapa y sin el alma quedo.
Hay luces; y en mí sombras; claridades
En todo, en mi dolor graves misterios.
Despierto estoy, mas dormiré muy pronto,
Porque el arrullo del dolor me duerme.
La frente inclino sobre la ancha mesa;
Para extinguir la luz, la mano extiendo,
Y la extingo, y la sombra no apercibo,
Porque apagada en mí toda luz llevo.

Duermo de pie: la vida es muchas veces
Esta luz apagada y este sueño.
Los ojos se me cierran, de la frente

Vencidos al afán y rudo peso,
Porque en la frente que me agobia tanto
De muchas vidas pesadumbre tengo.
Trabaja el impresor haciendo un libro;
Trabajo yo en la vida haciendo un muerto.

Vivir es comerciar; alienta todo
Por los útiles cambios y el comercio:
Me dan pan, yo doy alma: si ya he dado
Cuanto tengo que dar ¿por qué no muero?
Si de vida sin pan imagen formo,
Si verla aun puede de mi juicio el resto,
¿Por qué negarme, hoy rey de la tiniebla,
Lo que para soñar tengo derecho?
Es de noche: la luz enrojecida
Huye y vacila como fatuo fuego:
Cirios de muerte me imagino en torno;
Escucho el misterioso cuchicheo
Que en la alcoba feliz del moribundo
Es el primer sudario del enfermo,
Y todo vaga en mi redor, en danza
Confusa, extraña, y sordo movimiento.
Parécenme esas manos que se mueven
Manos que clavan enlutado féretro;
Ésos, los que trabajan, comitiva
Ceremoniosa y funeraria veo,
Y es que en el colmo de la vida asisto,
Vivo cadáver, a mi propio entierro.

Mi corazón deposité en la tumba:
Llevo una herida que me cruza el pecho:
Sangre me brota; quien a mí se acerque
En los bordes leerá como yo leo:

«Mordido aquí de la miseria un día
Quedó este vivo desgarrado y muerto,
Porque el diente fatal de la miseria
Lleva en la punta matador veneno»

Cuando encuentres un vil, para y pregunta
Si la miseria le mordió en el pecho,
Y si el caso es verdad, sigue y perdona:
Culpa no tiene, –¡le alcanzó el veneno!

Revista Universal. México, 10 de octubre de 1875

[A UNA MI AMIGA Y SEÑORA]

A una mi amiga y señora
De contar le tengo un cuento:
Hubo una vez cierto loco
Que murió de lo que muero;
Pues dio en querer, y en amores
Quien bien ama, ya está muerto!

[CUANDO ME PUSE A PENSAR]

Cuando me puse a pensar
La razón me dio a elegir
Entre ser quien soy, o ir
El ser ajeno a emprestar,

Mas me dije: si el copiar
Fuera ley, no nacería
Hombre alguno, pues haría
Lo que antes de él se ha hecho:
Y dije, llamando al pecho,
Sé quien eres, alma mía!–

[YO QUIERO, ANDRÉS, QUE HABLEMOS]

Yo quiero, Andrés, que hablemos
Sobre la vida. Siéntate, y reposa,
Y dime, amigo cuerdo, si deseas
Vivir, y qué es vivir, y si merece
Este altar nuestra ofrenda. –
–Pues no miras
El Universo hermoso? Dobla, dobla
La cabeza blasfema; ruin ofrenda
En tan hermoso altar a Dios tan alto.

A BORDO

Vela abajo, mozo arriba,
Acá el roto, allá el peñasco,
Ido el sol, recio el chubasco,
Y el barco, no barco, criba:
Gigante el viento derriba

Los hombres de las escalas;
Desatadas van las balas
Rodando por la cubierta,–
Y yo, en medio a la obra muerta,
Vivo, de mi hijo en las alas!–

[LOS DOS PRÍNCIPES]

Idea de la poetisa norte-americana
Helen Hunt Jackson.*

El palacio está de luto
Y en el trono llora el rey,
Y la reina está llorando
Donde no la puedan ver:
En pañuelos de olán fino
Lloran la reina y el rey:
Los señores del palacio
Están llorando también.
Los caballos llevan negro
El penacho y el arnés:
Los caballos no han comido,
Porque no quieren comer:
El laurel del patio grande
Quedó sin hoja esta vez:

* Poetisa y novelista norteamericana (1831-1885) que asumió en sus obras la defensa de los indígenas.

Todo el mundo fue al entierro
Con coronas de laurel:
–¡El hijo del rey se ha muerto!
¡Se le ha muerto el hijo al rey!

En los álamos del monte
Tiene su casa el pastor:
La pastora está diciendo
«¿Por qué tiene luz el sol?»
Las ovejas, cabizbajas,
Vienen todas al portón:
¡Una caja larga y honda
Está forrando el pastor!
Entra y sale un perro triste:
Canta allá adentro una voz–
«Pajarito, yo estoy loca,
Llévame donde él voló!»:
El pastor coge llorando
La pala y el azadón:
Abre en la tierra una fosa:
Echa en la fosa una flor:
–¡Se quedó el pastor sin hijo!
¡Murió el hijo del pastor!

La edad de Oro.
Nueva York, v. 1, núm. 2, agosto de 1889, p. 45

LA PERLA DE LA MORA

Una mora de Trípoli tenía
Una perla rosada, una gran perla:
Y la echó con desdén al mar un día:
–«¡Siempre la misma! ¡ya me cansa verla!»

La edad de Oro.
Nueva York, v. 1, núm. 2, agosto de 1889, p. 49

LOS ZAPATICOS DE ROSA

*À Mademoiselle Marie:**
José Martí

Hay sol bueno y mar de espuma,
Y arena fina, y Pilar
Quiere salir a estrenar
Su sombrerito de pluma.

–«¡Vaya la niña divina!»
Dice el padre, y le da un beso:
«Vaya mi pájaro preso
A buscarme arena fina.»

* La niña María Montilla y Miyares.

–«Yo voy con mi niña hermosa»,
Le dijo la madre buena:
«¡No te manches en la arena
Los zapaticos de rosa!»

Fueron las dos al jardín
Por la calle del laurel:
La madre cogió un clavel
Y Pilar cogió un jazmín.

Ella va de todo juego,
Con aro, y balde, y paleta:
El balde es color violeta:
el aro es color de fuego.

Vienen a verlas pasar:
Nadie quiere verlas ir:
La madre se echa a reír,
Y un viejo se echa a llorar.

El aire fresco despeina
A Pilar, que viene y va
Muy oronda: –«¡Dí, mamá!
¿Tú sabes qué cosa es reina?»

Y por si vuelven de noche
De la orilla de la mar,
Para la madre y Pilar
Manda luego el padre el coche.

Está la playa muy linda:
Todo el mundo está en la playa:
Lleva espejuelos el aya
De la francesa Florinda.

Está Alberto, el militar
Que salió en la procesión
Con tricornio y con bastón,
Echando un bote a la mar.

¡Y qué mala, Magdalena
Con tantas cintas y lazos,
A la muñeca sin brazos
Enterrándola en la arena!

Conversan allá en las sillas,
Sentadas con los señores,
Las señoras, como flores,
Debajo de las sombrillas.

Pero está con estos modos
Tan serios, muy triste el mar:
Lo alegre es allá, al doblar,
En la barranca de todos!

Dicen que suenan las olas
Mejor allá en la barranca,
Y que la arena es muy blanca
Donde están las niñas solas.

Pilar corre a su mamá:
–«¡Mamá, yo voy a ser buena:
Déjame ir sola a la arena:
Allá, tú me ves, allá!»

–«¡Esta niña caprichosa!
No hay tarde que no me enojes:
Anda, pero no te mojes
Los zapaticos de rosa.»

Le llega a los pies la espuma:
Gritan alegres las dos:
Y se va, diciendo adiós,
La del sombrero de pluma.

¡Se va allá, donde muy lejos!
Las aguas son más salobres,
Donde se sientan los pobres,
Donde se sientan los viejos!

Se fue la niña a jugar,
La espuma blanca bajó,
Y pasó el tiempo, y pasó
Un águila por el mar.

Y cuando el sol de ponía
Detrás de un monte dorado,
Un sombrerito callado
Por las arenas venía.

Trabaja mucho, trabaja
Para andar: ¿qué es lo que tiene
Pilar que anda así, que viene
Con la cabecita baja?

Bien sabe la madre hermosa
Por qué le cuesta el andar:
–«¿Y los zapatos, Pilar,
Los zapaticos de rosa?

»¡Ah, loca! ¿en dónde estarán?
¡Di dónde, Pilar!» –«Señora»,
Dice una mujer que llora:
»¡Están conmigo: aquí están!

»Yo tengo una niña enferma
Que llora en el cuarto oscuro.
Y la traigo al aire puro
A ver el sol, y a que duerma.

»Anoche soñó, soñó
Con el cielo, y oyó un canto:
Me dio miedo, me dio espanto,
Y la traje, y se durmió.

»Con sus dos brazos menudos
Estaba como abrazando;
Y yo mirando, mirando
Sus piececitos desnudos.

»Me llegó al cuerpo la espuma,
Alcé los ojos y vi
Esta niña frente a mí
Con su sombrero de pluma.

–»¡Se parece a los retratos
Tu niña!» dijo:«¿Es de cera?
¿Quiere jugar? ¡si quisiera!...
¿Y por qué está sin zapatos?

»Mira: ¡la mano le abrasa,
Y tiene los pies tan fríos!
¡Oh, toma, toma los míos:
Yo tengo más en mi casa!»

«No sé bien, señora hermosa,
Lo que sucedió después:
¡Le vi a mi hijita en los pies
Los zapaticos de rosa!»

Se vio sacar los pañuelos
A una rusa y a una inglesa;
El aya de la francesa
Se quitó los espejuelos.

Abrió la madre los brazos:
Se echo a Pilar en su pecho,
Y sacó el traje deshecho,
Sin adornos y sin lazos.

Todo lo que quiere saber
De la enferma la señora:
¡No quiere saber que llora
De pobreza una mujer!

–«¡Sí, Pilar, dáselo! ¡y eso
También! ¡tu manta! ¡tu anillo!»
Y ella le dio su bolsillo,
Le dio el clavel, le dio un beso.

Vuelven calladas de noche
A su casa del jardín:
Y Pilar va en el cojín
De la derecha del coche.

Y dice una mariposa
Que vio desde su rosal
Guardados en un cristal
Los zapaticos de rosa.

La Edad de Oro.
Nueva York, v. 1. núm. 3, septiembre de 1889, pp. 94-96.

A HORTENSIA LECHUGA

Yo he visto, en la noche clara
de nuestras Antillas bellas,
sobre la sangre del ara
escondidas las estrellas.

Yo he visto, por una oscura
vereda del campo umbrío,
una clavellina pura
enamorada de un río.

Yo he visto en la misteriosa
nave del templo ferviente,
esplendor, como una rosa
de luz, un cirio doliente.

Yo he visto en mi Cayo amado,
en el hogar y en la escuela,
lucir como en castigado
torvo mar, la limpia estela.

Nueva York, 1893

A MELITINA AZPEYTIA

No sé, Melitina hermana,
Que en este mundo haya cosa
Como la mañana hermosa
En una selva cubana.

Primero es perla dormida
Que va despertando al coro;
Y luego la perla es oro,
Y luego fragua encendida.

Prenden el cielo cambiante
Vivas llamaradas rojas:
El sol, por entre las hojas,
Reluce, como un brillante…

Mas calla de pronto, calla
La naturaleza toda:
Cesa, con susto de boda,
La magnífica batalla.

¡Y por el claro horizonte,
Y por la pálida tierra,
Vibra, cual canto de guerra,
La voz del clarín del monte!

Selva es mi Cuba, arropada
Entre tristísimos velos, –
Selva, que ya ve en los cielos
La luz de la madrugada:

Y tú, Melitina mía,
Con tu voz pura y sonora,
Eres el clarín de aurora
De nuestra selva sombría.

ISMAELILLO

Hijo:

Espantado de todo, me refugio en ti.

Tengo fe en el mejoramiento humano, en la vida futura, en la utilidad de la virtud, y en ti.

Si alguien te dice que estas páginas se parecen a otras páginas, diles que te amo demasiado para profanarte así. Tal como aquí te pinto, tal te han visto mis ojos. Con esos arreos de gala te me has aparecido. Cuando he cesado de verte en una forma, he cesado de pintarte. Esos riachuelos han pasado por mi corazón.

¡Lleguen al tuyo!

PRÍNCIPE ENANO

Para un príncipe enano
Se hace esta fiesta.
Tiene guedejas rubias,
Blandas guedejas;
Por sobre el hombro blanco
Luengas le cuelgan.
Sus dos ojos parecen
Estrellas negras:
Vuelan, brillan, palpitan,
Relampaguean!
Él para mí es corona,
Almohada, espuela.
Mi mano, que así embrida
Potros y hienas,
Va, mansa y obediente,
Donde él la lleva.
Si el ceño frunce, temo;
Si se me queja, –
Cual de mujer, mi rostro
Nieve se trueca:
Su sangre, pues, anima
Mis flacas venas:
¡Con su gozo mi sangre
Se hincha, o se seca!
Para un príncipe enano
Se hace esta fiesta.

¡Venga mi caballero
Por esta senda!
¡Éntrese mi tirano
Por esta cueva!

Tal es, cuando a mis ojos
Su imagen llega,
Cual si en lóbrego antro
Pálida estrella,
Con fulgores de ópalo
Todo vistiera.
A su paso la sombra
Matices muestra,
Como al sol que las hiere
Las nubes negras.
¡Heme ya, puesto en armas,
En la pelea!
Quiere el príncipe enano
Que a luchar vuelva:
¡Él para mí es corona,
Almohada, espuela!
Y como el sol, quebrando
Las nubes negras,
En banda de colores
La sombra trueca, –
Él, al tocarla, borda
En la onda espesa,
Mi banda de batalla
Roja y violeta.
¿Conque mi dueño quiere
Que a vivir vuelva?
¡Venga mi caballero
Por esta senda!
¡Éntrese mi tirano
Por esta cueva!
¡Déjeme que la vida
A él, a él ofrezca!
Para un príncipe enano
Se hace esta fiesta.

SUEÑO DESPIERTO

Yo sueño con los ojos
Abiertos, y de día
Y noche siempre sueño
Y sobre las espumas
Del ancho mar revuelto,
Y por entre las crespas
Arenas del desierto,
Y del león pujante,
Monarca de mi pecho,
Montado alegremente
Sobre el sumiso cuello,
Un niño que me llama
Flotando siempre veo!

BRAZOS FRAGANTES

Sé de brazos robustos
Blandos, fragantes;
Y sé que cuando envuelven
El cuello frágil,
Mi cuerpo, como rosa
Besada, se abre,
Y en su propio perfume
Lánguido exhálase.
Ricas en sangre nueva
Las sienes laten;
Mueven las rojas plumas
Internas aves;

Sobre la piel, curtida
De humanos aires,
Mariposas inquietas
Sus alas baten;
Savia de rosa enciende
Las muertas carnes!–
Y yo doy los redondos
Brazos fragantes,
Por dos brazos menudos
Que halarme saben,
Y a mi pálido cuello
Recios colgarse,
Y de místicos lirios
Collar labrarme!
¡Lejos de mí por siempre,
Brazos fragantes!

MI CABALLERO

Por las mañanas
Mi pequeñuelo
Me despertaba
Con un gran beso.
Puesto a horcajadas
Sobre mi pecho,
Bridas forjaba
Con mis cabellos.
Ebrio él de gozo,
De gozo yo ebrio,
Me espoleaba

Mi caballero:
¡Qué suave espuela
Sus dos pies frescos!
¡Cómo reía
Mi jinetuelo!
Y yo besaba
Sus pies pequeños,
Dos pies que caben
En sólo un beso!

MUSA TRAVIESA

Mi musa? Es un diablillo
Con alas de ángel.
¡Ah, musilla traviesa,
Qué vuelo trae!

Yo suelo, caballero
En sueños graves,
Cabalgar horas luengas
Sobre los aires.
Me entro en nubes rosadas,
Bajo a hondos mares,
Y en los senos eternos
Hago viajes.
Allí asisto a la inmensa
Boda inefable,
Y en los talleres huelgo
De la luz madre:
Y con ella es la oscura

Vida, radiante,
Y a mis ojos los antros
Son nidos de ángeles!
Al viajero del cielo
¿Qué el mundo frágil?
Pues ¿no saben los hombres
Qué encargo traen?
¡Rasgarse el bravo pecho,
Vaciar su sangre,
Y andar, andar heridos
Muy largo valle,
Roto el cuerpo en harapos,
Los pies en carne,
Hasta dar sonriendo
–¡No en tierra!– exánimes!
Y entonces sus talleres
La luz les abre,
Y ven lo que yo veo:
¿Qué el mundo frágil?
Seres hay de montaña.
Seres de valle,
Y seres de pantanos
Y lodazales.

De mis sueños desciendo,
Volando vanse,
Y en papel amarillo
Cuento el viaje.
Contándolo, me inunda
Un gozo grave: –
Y cual si el monte alegre,
Queriendo holgarse
Al alba enamorando

Con voces ágiles,
Sus hilillos sonoros
Desanudase,
Y salpicando riscos,
Labrando esmaltes,
Refrescando sedientas
Cálidas cauces,
Echáralos risueños
Por falda y valle, –
Así, al alba del alma
Regocijándose,
Mi espíritu encendido
Me echa a raudales
Por las mejillas secas
Lágrimas suaves.
Me siento, cual si en magno
Templo oficiase;
Cual si mi alma por mirra
Virtiese al aire;
Cual si en mi hombro surgieran
Fuerzas de Atlante;
Cual si el sol en mi seno
La luz fraguase: –
Y estallo, hiervo, vibro,
Alas me nacen!

Suavemente la puerta
Del cuarto se abre,
Y éntranse a él gozosos
Luz, risas, aire.
Al par da el sol en mi alma
Y en los cristales:
¡Por la puerta se ha entrado

Mi diablo ángel!
¿Qué fue de aquellos sueños,
De mi viaje,
Del papel amarillo,
Del llanto suave?
Cual si de mariposas
Tras gran combate
Volaran alas de oro
Por tierra y aire,
Así vuelan las hojas
Do cuento el trance.
Hala acá el travesuelo
Mi paño árabe;
Allá monta en el lomo
De un incunable;
Un carcax con mis plumas
Fabrica y átase;
Un sílex persiguiendo
Vuelca un estante,
Y ¡allá ruedan por tierra
Versillos frágiles,
Brumosos pensadores,
Lópeos galanes!
De águilas diminutas
Puéblase el aire:
¡Son las ideas, que ascienden,
Rotas sus cárceles!

Del muro arranca, cíñese,
Indio plumaje:
Aquella que me dieron
De oro brillante,
Pluma, a marcar nacida

Frentes infames,
De su caja de seda
Saca, y la blande:
Del sol a los requiebros
Brilla el plumaje,
Que baña en áureas tintas
Su audaz semblante.
De ambos lados el rubio
Cabello al aire,
A mí súbito viénese
A que lo abrace.
De beso en beso escala
Mi mesa frágil;
¡Oh, Jacob, mariposa,
Ismaelillo, árabe!
¿Qué ha de haber que me guste
Como mirarle
De entre polvo de libros
Surgir radiante,
Y, en vez de acero, verle
De pluma armarse,
Y buscar en mis brazos
Tregua al combate?
Venga, venga, Ismaelillo:
La mesa asalte.
Y por los anchos pliegues
Del paño árabe
En rota vergonzosa
Mis libros lance,
Y siéntese magnífico
Sobre el desastre,
Y muéstreme riendo,
Roto el encaje–

–¡Qué encaje no se rompe
En el combate!–
Su cuello, en que la risa
Gruesa onda hace!
Venga, y por cauce nuevo
Mi vida lance,
Y a mis manos la vieja
Péñola arranque,
Y del vaso manchado
La tinta vacíe!
¡Vaso puro de nácar:
Dame a que harte
Esta sed de pureza:
Los labios cánsame!
¿Son éstas que lo envuelven
Carnes, o nácares?
La risa, como en taza
De ónice árabe,
En su incólume seno
Bulle triunfante:
¡Hete aquí, hueso pálido,
Vivo y durable!
Hijo soy de mi hijo!
Él me rehace!

Pudiera yo, hijo mío,
Quebrando el arte
Universal, muriendo
Mis años dándote,
Envejecerte súbito,
La vida ahorrarte!–
Mas no: que no verías
En horas graves

Entrar el sol al alma
Y a los cristales!
Hierva en tu seno puro
Risa sonante:
Rueden pliegues abajo
Libros exangües:
Sube, Jacob alegre,
La escala suave:
Ven, y de beso en beso
Mi mesa asaltes:–
¡Pues ésa es mi musilla,
Mi diablo ángel!
¡Ah, musilla traviesa,
Qué vuelo trae!

MI REYECILLO

Los persas tienen
Un rey sombrío;
Los hunos foscos
Un rey altivo;
Un rey ameno
Tienen los íberos;
Rey tiene el hombre,
Rey amarillo:
¡Mal van los hombres
Con su dominio!
Mas yo vasallo
De otro rey vivo,–
Un rey desnudo,

Blanco y rollizo:
Su cetro –un beso!
Mi premio –un mimo!
Oh! cual los áureos
Reyes divinos
De tierras muertas,
De pueblos idos
–¡Cuando te vayas,
Llévame, hijo!–
Toca en mi frente
Tu cetro omnímodo;
Úngeme siervo,
Siervo sumiso:
¡No he de cansarme
De verme ungido!
¡Lealtad te juro,
Mi reyecillo!
Sea mi espalda
Pavés de mi hijo:
Pasa en mis hombros
El mar sombrío:
Muera al ponerte
En tierra vivo:–
Mas si amar piensas
El amarillo
Rey de los hombres,
¡Muere conmigo!
¿Vivir impuro?
¡No vivas, hijo!

PENACHOS VÍVIDOS

Como taza en que hierve
De transparente vino
En doradas burbujas
El generoso espíritu;

Como inquieto mar joven
Del cauce nuevo henchido
Rebosa, y por las playas
Bulle y muere tranquilo;

Como manda alegre
De bellos potros vivos
Que en la mañana clara
Muestran su regocijo,
Ora en carreras locas,
O en sonoros relinchos,
O sacudiendo al aire
El crinaje magnífico;–

Así mis pensamientos
Rebosan en mí vívidos,
Y en crespa espuma de oro
Besan tus pies sumisos,
O en fúlgidos penachos
De varios tintes ricos,
Se mecen y se inclinan
Cuando tú pasas –hijo!

HIJO DEL ALMA

Tú flotas sobre todo,
Hijo del alma!
De la revuelta noche
Las oleadas,
En mi seno desnudo
Déjante al alba;
Y del día la espuma
Turbia y amarga,
De la noche revuelta
Te echa en las aguas.
Guardiancillo magnánimo,
La no cerrada
Puerta de mi hondo espíritu
Amante guardas;
Y si en la sombra ocultas
Búscanme avaras,
De mi calma celosas,
Mis penas varias, –
En el umbral oscuro
Fiero te alzas,
Y les cierran el paso
Tus alas blancas!
Ondas de luz y flores
Trae la mañana,
Y tú en las luminosas
Ondas cabalgas,
No es, no, la luz del día
La que me llama,
Sino tus manecitas
En mi almohada.
Me hablan de que estás lejos:

¡Locuras me hablan!
Ellos tienen tu sombra;
¡Yo tengo tu alma;
Ésas son cosas nuevas,
Mías y extrañas.
Yo sé que tus dos ojos
Allá en lejanas
Tierras relampaguean, –
Y en las doradas
Olas de aire que baten
Mi frente pálida,
Pudiera con mi mano,
Cual si haz segara
De estrellas, segar haces
De tus miradas!
¡Tú flotas sobre todo,
Hijo del alma!

AMOR ERRANTE

Hijo, en tu busca
Cruzo los mares:
Las olas buenas
A ti me traen:
Los aires frescos
Limpian mis carnes
De los gusanos
De las ciudades;
Pero voy triste
Porque en los mares

Por nadie puedo
Verter mi sangre.
¿Qué a mí las ondas
Mansas e iguales?
¿Qué a mí los blandos
Juegos del aire?
¿Qué la iracunda
Voz de huracanes!
A éstos– ¡la frente
Hecha a domarles!
A los lascivos
Besos fugaces
De las menudas
Brisas amables,–
Mis dos mejillas
Secas y exangües,
De un beso inmenso
Siempre voraces!
Y ¿a quién, el blanco
Pálido ángel
Que aquí en mi pecho
Las alas abre
Y a los cansados
Que de él se amparen
Y en él se nutran
Busca anhelante?
¿A quién envuelve
Con sus suaves
Alas nubosas
Mi amor errante?
Libres de esclavos
Cielos y mares,
Por nadie puedo

Verter mi sangre!
    Y llora el blanco
Pálido ángel:
¡Celos del cielo
Llorar le hacen,
Que a todos cubre
Con sus celajes!
Las alas níveas
Cierra, y ampárase
De ellas el rostro
Inconsolable:–
Y en el confuso
Mundo fragante
Que en la profunda
Sombra se abre,
Donde en solemne
Silencio nacen
Flores eternas
Y colosales,
Y sobre el dorso
De aves gigantes
Despiertan besos
Inacababies,–
Risueño y vivo
Surge otro ángel!

SOBRE MI HOMBRO

Ved: sentado lo llevo
Sobre mi hombro:

Oculto va, y visible
Para mí sólo!
Él me ciñe las sienes
Con su redondo
Brazo, cuando a las fieras
Penas me postro:–
Cuando el cabello hirsuto
Yérguese y hosco,
Cual de interna tormenta
Símbolo torvo,
Como un beso que vuela
Siento en el tosco
Cráneo: su mano amansa
El bridón loco!–
Cuando en medio del recio
Camino lóbrego,
Sonrío, y desmayado
Del raro gozo,
La mano tiendo en busca
De amigo apoyo,–
Es que un beso invisible
Me da el hermoso
Niño que va sentado
Sobre mi hombro.

TÁBANOS FIEROS

Venid, tábanos fieros,
Venid, chacales,
Y muevan trompa y diente

Y en horda ataquen,
Y cual tigre a bisonte
Sítienme y salten!
Por aquí, verde envidia!
Tú, bella carne,
En los dos labios muérdeme:
Sécame: mánchame!
Por acá, los vendados
Celos voraces!
Y tú, moneda de oro,
Por todas partes!
De virtud mercaderes,
Mercadeadme!
Mató el Gozo a la Honra:
Venga a mí, –y mate!

Cada cual con sus armas
Surja y batalle:
El placer, con su copa;
Con sus amables
Manos, en mirra untadas,
La virgen ágil;
Con su espada de plata
El diablo bátame:–
La espada cegadora
No ha de cegarme!

Asorde la caterva
De batallantes:
Brillen cascos plumados
Como brillasen
Sobre montes de oro
Nieves radiantes:

Como gotas de lluvia
Las nubes lancen
Muchedumbre de aceros
Y de estandartes:
Parezca que la tierra,
Rota en el trance,
Cubrió su dorso verde
De áureos gigantes:
Lidiemos, no a la lumbre
Del sol suave,
Sino el funesto brillo
De los cortantes
Hierros: rojos relámpagos
La niebla tajen:
Sacudan sus raíces
Libres los árboles:
Sus faldas trueque el monte
En alas ágiles:
Clamor óigase, como
Si en un instante
Mismo, las almas todas
volando ex cárceres,
Rodar a sus pies vieran
Su hopa de carnes:
Cíñame recia veste
De amenazantes
Astas agudas: hilos
Tenues de sangre
Por mi piel rueden leves
Cual rojos áspides:
Su diente en lodo afilen
Pardos chacales:
Lime el tábano terco

Su aspa volante
Muérdame en los dos labios
La bella carne:–
Que ya vienen, ya vienen
Mis talismanes!
Como nubes vinieron
esos gigantes:
¡Ligeros como nubes
Volando iránse!

La desdentada envidia
Irá, secas las fauces,
Hambrienta, por desiertos
Y calcinados valles,
Royéndose las mondas
Escuálidas falanges;
Vestido irá de oro
El diablo formidable,
En el cansado puño
Quebrada la tajante;
Vistiendo con sus lágrimas
Irá, y con voces grandes
De duelo, la Hermosura
Su inútil arreaje:–
Y yo en el agua fresca
De algún arroyo amable
Bañaré sonriendo
Mis hilillos de sangre.

Ya miro en polvareda
Radiosa evaporarse
Aquellas escamadas
Corazas centelleantes:

Las alas de los cascos
Agítanse, debátense,
Y en el casco de oro en fuga
Se pierde por los aires.
Tras misterioso viento
Sobre la hierba arrástranse,
Cual sierpes de colores,
Las flámulas ondeantes.
Junta la tierra súbito
Sus grietas colosales
Y echa su dorso verde
Por sobre los gigantes:
Corren como que vuelan
Tábanos y chacales,
Y queda el campo lleno
De un humillo fragante.
De la derrota ciega
Los gritos espantables
Escúchanse, que evocan
Callados capitanes;
Y mésase soberbia
El áspero crinaje,
Y como muere un buitre
Expira sobre el valle!
En tanto, yo a la orilla
De un fresco arroyo amable,
Restaño sonriendo
Mis hilillos de sangre.

No temo yo ni curo
De ejércitos pujantes,
Ni tentaciones sordas,
Ni vírgenes voraces!

Él vuela en torno mío,
Él gira, él para, él bate;
Aquí su escudo opone;
Allí su clava blande;
A diestra y a siniestra
Mandobla, quiebra, esparce:
Recibe en su escudillo
Lluvia de dardos hábiles;
Sacúdelos al suelo,
Bríndalo a nuevo ataque.
¡Ya vuelan, ya se vuelan
Tábanos y gigantes!–
Escúchase el chasquido
De hierros que se parten;
Al aire chispas fúlgidas
Suben en rubios haces;
Alfómbrase la tierra
De dagas y montantes:
¡Ya vuelan, ya se esconden
Tábanos y chacales!–
Él como abeja zumba,
Él rompe y mueve el aire,
Detiénese, ondea, deja
Rumor de alas de ave:
Ya mis cabellos roza;
Ya sobre mi hombro párase;
Ya a mi costado cruza;
Ya en mi regazo lánzase;
¡Ya la enemiga tropa
Huye, rota y cobarde!
¡Hijos, escudos fuertes,
De los cansados padres!
¡Venga mi caballero,

Caballero del aire!
¡Véngase mi desnudo
Guerrero de alas de ave,
Y echemos por la vía
Que va a ese arroyo amable,
Y con sus aguas frescas
Bañe mi hilo de sangre!
Caballeruelo mío!
Batallador volante!

TÓRTOLA BLANCA

El aire está espeso,
La alfombra manchada,
Las luces ardientes,
Revuelta la sala;
Y acá ente divanes
Y allá entre otomanas,
Tropiézase en restos
De tules, –o de alas!
Un baile parece
De copas exhaustas!
Despierto está el cuerpo
Dormida está el alma;
¡Qué férvido el valse!
¡Qué alegre la danza!
¡Qué fiera hay dormida
Cuando el baile acaba!

Detona, chispea,
Espuma, se vacia,
Y expira dichosa
La rubia champaña:
Los ojos fulguran,
Las manos abrasan,
De tiernas palomas
Se nutren la águilas;
Don Juanes lucientes
Devoran Rosauras;
Fermenta y rebosa
La inquieta palabra;
Estrecha en su cárcel
La vida incendiada,
En risas se rompe
Y en lava y en llamas;
Y lirios se quiebran,
Y violas se manchan,
Y giran las gentes
Y ondulan y valsan;
Mariposas rojas
Inundan la sala,
Y en la alfombra muere
La tórtola blanca.

Yo fiero rehúso
La copa labrada;
Traspaso a un sediento
La alegre champaña;
Pálido recojo
La tórtola hollada;
Y en su fiesta dejo
Las fieras humanas;–

Que el balcón azotan
Dos alitas blancas
Que llenas de miedo
Temblando me llaman.

VALLE LOZANO

Dígame mi labriego
Cómo es que ha andado
En esta noche lóbrega
Este hondo campo?
Dígame de qué flores
Untó el arado,
Que la tierra olorosa
Trasciende a nardos?
Dígame de qué ríos
Regó este prado,
Que era un valle muy negro
Y ora es lozano?

Otros, con dagas grandes
Mi pecho araron:
Pues ¿qué hierro es el tuyo
Que no hace daño?
Y esto dije– y el niño
Riendo me trajo
En sus dos manos blancas
Un beso casto.

MI DESPENSERO

Qué me das? Chipre?
Yo no lo quiero:
Ni rey de bolsa
Ni posaderos
Tienen del vino
Que yo deseo;
Ni es de cristales
De cristaleros
La dulce copa
En que lo bebo.
Mas está ausente
Mi despensero,
Y de otro vino
Yo nunca bebo.

ROSILLA NUEVA

Traidor! Con qué arma de oro
Me has cautivado?
Pues yo tengo coraza
De hierro áspero.
Hiela el dolor: el pecho
Trueca en peñasco.

Y así como la nieve,
Del sol al blando
Rayo, suelta el magnífico
Manto plateado,

Y salta en hilo alegre
Al valle pálido,
Y las rosillas nuevas
Riega magnánimo;–
Así, guerrero fúlgido,
Roto a tu paso,
Humildoso y alegre
Rueda el peñasco;
Y cual lebrel sumiso
Busca saltando
A la rosilla nueva
Del valle pálido.

VERSOS LIBRES
(Selección)

MIS VERSOS

Éstos son mis versos. Son como son. A nadie los pedí prestados. Mientras no pude encerrar íntegras mis visiones en una forma adecuada a ellas, dejé volar mis visiones: oh, cuánto áureo amigo, que ya nunca ha vuelto! Pero la poesía tiene su honradez, y yo he querido siempre ser honrado. Recortar versos, también sé, pero no quiero. Así como cada hombre trae su fisonomía, cada inspiración trae su lenguaje. Amo las sonoridades difíciles, el verso escultórico, vibrante como la porcelana, volador como un ave, ardiente y arrollador como una lengua de lava. El verso ha de ser como una espada reluciente, que deja a los espectadores la memoria de un guerrero que va camino al cielo, y al envainarla en el sol se rompe en alas.

Tajos son estos de mis propias entrañas, –mis guerreros.– Ninguno me ha salido recalentado, artificioso, recompuesto, de la mente; sino como las lágrimas salen de los ojos y la sangre sale a borbotones de la herida.

No zurcí de éste y aquél, sino sajé en mí mismo. Van escritos, no en tinta de Academia, sino en mi propia sangre. Lo que aquí doy a ver lo he visto antes, (yo lo he visto, yo). Y he visto mucho más, que huyó sin darme tiempo a que copiara sus rasgos. –De la extrañeza singularidad, prisa, amontonamiento, arrebato de mis visiones, yo mismo tuve la culpa, que las he hecho surgir ante mí como las copio. De la copia, yo soy el responsable. Hallé quebrantadas las vestiduras y otras no y usé de estos colores. Ya sé que no son usados.–Amo las sonoridades difíciles y la sinceridad, aunque pueda parecer brutal. Todo lo que han de decir ya lo sé, lo he meditado completo, y me lo tengo contestado.–

He querido ser leal, y si pequé, no me arrepiento de haber pecado.

ACADÉMICA

Ven, mi caballo, a que te encinche: quieren
Que no con garbo natural el coso
Al sabio impulso corras de la vida,
Sino que el paso de la pista aprendas,
Y la lengua del látigo, y sumiso
Des a la silla el arrogante lomo:–
Ven, mi caballo: dicen que en el pecho
Lo que es cierto, no es cierto:
                                                  que la estrofa
Ígnea que en lo hondo de las almas nace,
Como penacho de fontana pura
Que el blando manto de la tierra rompe
Y en gotas mil arreboladas cuelga,
No ha de cantarse, no, sino las pautas
Que en moldecillo azucarado y hueco
Encasacados dómines dibujan:
Y gritan: «Al bribón!» –cuando a las puertas
Del templo augusto un hombre libre asoma!–
Ven, mi caballo; con tu casco limpio
A yerba nueva y flor de llanto oliente,
Cinchas estruja, lanza sobre un tronco
Seco y piadoso, donde el sol la avive,
Del repintado dómine la chupa,
De hojas de antaño y de romanas rosas
Orlada, y deslucidas joyas griegas, –
Y al sol del alba en que la tierra rompe
Echa arrogante por el orbe nuevo.

“POLLICE VERSO”

[Memoria de presidio]

Sí! yo también, desnuda la cabeza
De tocado y cabellos, y al tobillo
Una cadena lurda, heme arrastrado
Entre un montón de sierpes, que revueltas
Sobre sus vicios negros, parecían
Esos gusanos de pesado vientre
Y ojos viscosos, que en hedionda cuba
De pardo lodo lentos se revuelcan!
Y yo pasé, sereno entre los viles,
Cual si en mis manos, como en ruego juntas,
Las anchas alas púdicas abriese
Una paloma blanca. Y aún me aterro
De ver con el recuerdo lo que he visto
Una vez con mis ojos. Y espantado,
Póngome en pie, cual a emprender la fuga!–
¡Recuerdos hay que queman la memoria!
¡Zarzal es la memoria: mas la mía
Es un cesto de llamas! A su lumbre
El porvenir de mi nación preveo:
Y lloro: Hay leyes en la mente, leyes
Cual las del río, el mar, la piedra, el astro,
Ásperas y fatales: ese almendro
Que con su rama oscura en flor sombrea
Mi alta ventana, viene de semilla
De almendro; y ese rico globo de oro
De dulce y perfumoso jugo lleno
Que en blanca fuente una niñuela cara,
Flor del destierro, cándida me brinda,
Naranja es, y vino de naranjo:–

Y el suelo triste en que se siembran lágrimas
Dará árbol de lágrimas. La culpa
Es madre del castigo.
                                        No es la vida
Copa de mago que el capricho torna
En hiel para los míseros, y en férvido
Tokay para el feliz. La vida es grave, –
Porción del Universo, frase unida
A frase colosal, sierva ligada
A un carro de oro, que a los ojos mismos
De los que arrastra en rápida carrera
Ocúltase en el áureo polvo, –sierva
Con escondidas riendas ponderosas
A la incansable eternidad atada!

Circo la tierra es, como el Romano;
Y junto a cada cuna una invisible
Panoplia al hombre aguarda, donde lucen
Cual daga cruel que hiere al que la blande,
Los vicios, y cual límpidos escudos
Las virtudes: la vida es la ancha arena,
Y los hombres esclavos gladiadores,–
Mas el pueblo y el rey, callados miran
De grada excelsa, en la desierta sombra.
Pero miran! Y a aquel que en la contienda
Bajó el escudo, o lo dejó de lado,
O suplicó cobarde, o abrió el pecho
Laxo y servil a la enconosa daga
Del enemigo, las vestales rudas
Desde el sitial de la implacable piedra
Condenan a morir, *pollice verso,*
Y hasta el pomo ruin la daga hundida,
Al flojo gladiador clava en la arena.

¡Alza, oh pueblo, el escudo, porque es grave
Cosa esta vida, y cada acción es culpa
Que como aro servil se lleva luego
Cerrado al cuello, o premio generoso
Que del futuro mal próvido libra!

¿Veis los esclavos? Como cuerpos muertos
Atados en racimo, a vuestra espalda
Irán vida tras vida, y con las frentes
Pálidas y angustiadas, la sombría
Carga en vano halaréis, hasta que el viento
De vuestra pena bárbara apiadado,
Los átomos postreros evapore!
¡Oh qué visión tremenda! ¡oh qué terrible
Procesión de culpables! Como en llano
Negro los miro, torvos, anhelosos,
Sin fruta el arbolar, secos los píos
Bejucos, por comarca funeraria
Donde ni el sol da luz, ni el árbol sombra!
Y bogan en silencio, como en magno
Océano sin agua, y a la frente
Llevan cual yugo el buey, la cuerda uncida,
Y a la zaga, listado el cuerpo flaco
De hondos azotes, el montón de siervos!

¿Veis las carrozas, las ropillas blancas
Risueñas y ligeras, el luciente
Corcel de crin trenzada y riendas ricas,
Y la albarda de plata suntuosa
Prendida, y el menudo zapatillo
Cárcel a un tiempo de los pies y el alma?
¡Pues ved que los extraños os desdeñan
Como a raza ruin, menguada y floja!

A MI ALMA

LLEGADA LA HORA DEL TRABAJO

¡Ea, jamelgo! De los montes de oro
Baja, y de andar en prados bien olientes
Y de aventar con los ligeros cascos
Mures y viboreznos, y al sol rubio
Mecer gentil las brilladoras crines!
        ¡Ea, jamelgo! Del camino oscuro
Que va do no se sabe, ésta es posada,
Y de pagar se tiene al hostelero!
Luego será la gorja, luego el llano,
Luego el prado oloroso, el alto monte:
Hoy, bájese el jamelgo, que le aguarda
Cabe el duro ronzal la gruesa albarda.

AL BUEN PEDRO

Dicen, buen Pedro, que de mí murmuras
Porque tras mis orejas el cabello
En crespas ondas su caudal levanta:
¡Diles, bribón, que mientras tú en festines
En rubios caldos y en fragantes pomas,
Entre mancebas del astuto Norte,
De tus esclavos el sudor sangriento
Torcido en oro bebes descuidado,–
Pensativo, febril, pálido, grave,
Mi pan rebano en solitaria mesa
Pidiendo ¡oh triste! al aire sordo modo

De libertar de su infortunio al siervo
Y de tu infamia a ti!–
                                        Y en estos lances,
Suéleme, Pedro, en la apretada bolsa
Faltar la monedilla que reclama
Con sus húmedas manos el barbero.

HIERRO

Ganado tengo el pan: hágase el verso, –
Y en su comercio dulce se ejercite
La mano, que cual prófugo perdido
Entre oscuras malezas, o quien lleva
A rastra enorme peso, andaba ha poco
Sumas hilando y revolviendo cifras.
Bardo ¿consejo quieres? pues descuelga
De la pálida espalda ensangrentada
el arpa dívea, acalla los sollozos
Que a tu garganta como mar en furia
Se agolparán, y en la madera rica
Taja plumillas de escritorio, y echa
Las cuerdas rotas al movible viento.

Oh, alma! oh alma buena! mal oficio
Tienes!: póstrate, calla, cede, lame
Manos de potentado, ensalza, excusa
Defectos, tenlos –que es mejor manera
De excusarlos, y mansa y temerosa
Vicios celebra, encumbra vanidades:

Verás entonces, alma, cuál se truca
En plato de oro rico tu desnudo
Plato de pobre!
                                        Pero guarda ¡oh alma!
Que usan los hombres hoy oro empañado!
Ni de eso cures, que fabrican de oro
Sus joyas el bribón y el barbilindo:
Las armas no, –las armas son de hierro!

Mi mal es rudo: la ciudad lo encona:
Lo alivia el campo inmenso: ¡otro más vasto
Lo aliviará mejor! –Y las oscuras
Tardes me atraen, cual si mi patria fuera
La dilatada sombra. ¡Oh verso amigo:
Muero de soledad, de amor me muero!

No de vulgar amor: estos amores
Envenenan y ofuscan: no es hermosa
La fruta en la mujer, sino la estrella
La tierra ha de ser luz., y todo vivo
Debe en torno de sí dar lumbre de astro.
¡Oh, estas damas de muestra! oh, estas copas
De carne! oh, estas siervas, ante el dueño
Que las enjoya o estremece echadas!
¡Te digo, oh verso, que los dientes duelen
De comer de esta carne!
                                                        Es de inefable
Amor del que yo muero, –del muy dulce
Menester de llevar, como se lleva
Un niño tierno en las cuidosas manos,
Cuanto de bello y triste ven mis ojos.

Del sueño, que las fuerzas no repara
Sino de los dichosos, y a los tristes
El duro humor y la fatiga aumenta,
Salto, al Sol, como un ebrio. Con las manos
Mi frente oprimo, y de los turbios ojos
Brota raudal de lágrimas. ¡Y miro
El Sol tan bello, y mi desierta alcoba,
Y mi virtud inútil, y las fuerzas
Que cual tropel famélico de hirsutas
Fieras saltan de mí buscando empleo; –
Y el aire hueco palpo, y en el muro
Frío y desnudo el cuerpo vacilante
Apoyo, y en el cráneo estremecido
En agonía flota el pensamiento,
Cual leño de bajel despedazado
Que el mar en furia a playa ardiente arroja!

¡Sólo las flores del paterno prado
Tienen olor! ¡Sólo las seibas patrias
Del sol amparan! Como en vaga nube
Por suelo extraño se anda: las miradas
Injurias nos parecen, y el sol mismo,
Más que en grato calor, enciende en ira!
¡No de voces queridas puebla el eco
Los aires de otras tierras: y no vuelan
Del arbolar espeso entre las ramas
Los pálidos espíritus amados!
De carne viva y profanadas frutas
Viven los hombres, –¡ay! mas el proscripto
De sus entrañas propias se alimenta!
¡Tiranos: desterrad a los que alcanzan
El honor de vuestro odio: –ya son muertos!
Valiera más ¡oh bárbaros! que al punto

De arebatarlos al hogar, hundiera
En lo más hondo de su pecho honrado
Vuestro esbirro más cruel su hoja más dura!

Grato es morir: horrible, vivir muerto.
Mas no! mas no! La dicha es una prenda
De compasión de la fortuna al triste
Que no sabe domarla: a sus mejores
Hijos desgracias da Naturaleza:
Fecunda el hierro al llano, el golpe al hierro!

EL PADRE SUIZO

Little Rock, Arkansas, Setiembre 1. –«El Miércoles por la noche, cerca de París, condado de Loagan, un suizo, llamado Edward Schwerzmann, llevó a sus tres hijos, de dieciocho meses el uno, y cuatro y cinco años los otros, al borde de un pozo, y los echó e el pozo, y él se echó tras ellos. Dicen que Schwerzmann obró en un momento de locura. –» Telegrama publicado en N. York.

Dicen que un suizo, de cabello rubio
Y ojos secos y cóncavos, mirando
Con desolado amor a sus tres hijos,
Besó sus pies, sus manos, sus delgadas,
Secas, enfermas, amarillas manos:–
Y súbito, tremendo, cual airada

Tigre que al cazador sus hijos roba,
Dio con los tres, y con sí mismo luego,
En hondo pozo, –y los robó a la vida!
Dicen que el bosque iluminó radiante
Una rojiza luz, y que a la boca
Del pozo oscuro, –sueltos los cabellos,
Cual corona de llamas que al monarca
Doloroso, al humano, sólo al borde
Del antro funeral la sien desciñe, –
La mano ruda a un tronco seco asida, –
Contra el pecho huesoso, que sus uñas
Mismas sajaron, los hijuelos mudos
Por su brazo sujetos, como en noche
De tempestad las aves en su nido,–
El alma a Dios, los ojos a la selva,
Retaba el suizo al cielo, y en su torno
Pareció que la tierra iluminaba
Luz de héroe, y que el reino de la sombra
La muerte de un gigante estremecía!

¡Padre sublime, espíritu supremo
Que por salvar los delicados hombros
De sus hijuelos, de la carga dura
De la vida sin fe, sin patria, torva
Vida sin fin seguro y cauce abierto,
Sobre sus hombros colosales puso
De su crimen feroz la carga horrenda!
Los árboles temblaban, y en su pecho
Huesoso, los seis ojos espantados
De los pálidos niños, seis estrellas
Para guiar al padre iluminadas,
Por el reino del crimen, parecían!
¡Ve, bravo! ve, gigante! ve, amoroso

Loco! y las venenosas zarzas pisa
Que roen como tósigos las plantas
Del criminal, en el dominio lóbrego
Donde andan sin cesar los asesinos!
    ¡Ve! –que las seis estrellas luminosas
Te seguirán, y te guiarán, y ayuda
A tus hombros darán cuantos hubieran
Bebido el vino amargo de la vida!

COPA CICLÓPEA

El sol alumbra: ya en los aires miro
La copa amarga: ya mis labios tiemblan,
–No de temor, que prostituye,– de ira!...
El Universo, en las mañanas alza
Medio dormido aún de un dulce sueño
En las manos la tierra perezosa,
Copa inmortal, donde [...]
Hierven al sol las fuerzas de la vida!–
Al niño triscador, al venturoso
De alma tibia y mediocre, a la fragante
Mujer que con los ojos desmayados
Abrirse ve en el aire extrañas rosas,
Iris la tierra es, roto en colores,–
Raudal que juvenece, y rueda limpio
Por perfumado llano, y al retozo
Y al desmayo después plácido brinda!–
Y para mí, porque a los hombres amo
Y mi gusto y mi bien terco descuido,
La tierra melancólica aparece

Sobre mi frente que la vida bate,
De lúgubre color inmenso yugo!
La frente encorvo, el cuello manso inclino,
Y, con los labios apretados, muero.

POMONA

Oh, ritmo de la carne, oh melodía,
Oh licor vigorante, oh filtro dulce
De la hechicera forma! –no hay milagro
En el cuento de Lázaro, si Cristo
Llevó a su tumba una mujer hermosa!

Qué soy –quién es, sino Memnón en donde
Toda la luz del Universo canta, –
Y cauce humilde en que van revueltas,
Las eternas corrientes de la vida?
–Iba, –como arroyuelo que cansado
De regar plantas ásperas fenece,
Y, de amor por el noble Sol transido,
A su fuego con gozo se evapora:
Iba, –cual jarra que el licor ligero
Hinche, sacude, en el fermento rompe,
Y en silenciosos hilos abandona:
Iba, –cual gladiador que sin combate
Del incólume escudo ampara el rostro
Y el cuerpo rinde en la ignorada arena
... Y súbito,– las fuerzas juveniles
De un nuevo mar, el pecho rebosante
Hinchen y embargan, –el cansado brío
Arde otra vez,– y puebla el aire sano

Música suave y blando olor de mieles!
Porque a mis ojos los fragantes brazos
En armónico gesto alzó Pomona.

HOMAGNO

Homagno sin ventura
La hirsuta y retostada cabellera
Con sus pálidas manos se mesaba.–

«Máscara soy, mentira soy, decía:
Estas carnes y formas, estas barbas
Y rostro, estas memorias de la bestia,
Que como silla a lomo de caballo
Sobre el alma oprimida echan y ajustan,–
Por el rayo de luz que el alma mía
En la sombra entrevé, –no son Homagno!

Mis ojos sólo, los mis caros ojos,
Que me revelan mi disfraz, son míos!:
Queman, me queman, nunca duermen, oran,
Y en mi rostro los siento y en el cielo,
Y le cuenta[n] de mí, y a mí dél cuenta!
Por qué, por qué, para cargar en ellos
Un grano ruin de alpiste maltrojado
Talló el Creador mis colosales hombros?
Ando, pregunto, ruinas y cimientos
Vuelco y sacudo, a delirantes sorbos
En la creación, la madre de mil pechos,
Las fuentes todas de la vida aspiro:
Muerdo, atormento, beso las callosas

Manos de piedra que golpeo:
Con demencia amorosa su invisible
Cabeza con las secas manos mías
Acaricio y destrenzo: por la tierra
Me tiendo compungido y los confusos
Pies, con mi llanto baño y con mis besos.
Y en medio de la noche, palpitante,
Con mis voraces ojos en el cráneo
Y en sus órbitas anchas encendidos,
Trémulo, en mí plegado, hambriento espero,
Por si al próximo sol respuestas vienen: –
Y a cada nueva luz– de igual enjuto
Modo, y ruin, la vida me aparece,
Como gota de leche que en cansado
Pezón, al terco ordeño, titubea,–
Como carga de hormiga, –como taza
De agua añeja en la jaula de un jilguero.»–
De mordidas y rotas, ramos de uvas
Estrujadas y negras, las ardientes
Manos del triste Homagno parecían!

Y la tierra en silencio, y una hermosa
Voz de mi corazón, me contestaron.

YUGO Y ESTRELLA

Cuando nací, sin sol mi madre dijo:
–Flor de mi seno, Homagno generoso
De mí y de la Creación suma y reflejo,
Pez que en ave y corcel y hombre se torna,
Mira estas dos, que con dolor te brindo,

Insignias de la vida: ve y escoge.
Éste, es un yugo: quien lo acepta, goza:
Hace de manso buey, y como presta
Servicio a los señores, duerme en paja
Caliente, y tiene rica y ancha avena.
Ésta, oh misterio que de mí naciste
Cual la cumbre nació de la montaña,
Ésta, que alumbra y mata, es una estrella:
Como que riega luz, los pecadores
Huyen de quien la lleva, y en la vida,
Cual un monstruo de crímenes cargado,
Todo el que lleva luz, se queda solo.
Pero el hombre que al buey sin pena imita,
Buey vuelve a ser, y en apagado bruto
La escala universal de nuevo empieza.
El que la estrella sin temor se ciñe,
Como que crea, crece!
                                        Cuando al mundo
De su copa el licor vació ya el vivo:
Cuando, para manjar de la sangrienta
Fiesta humana, sacó contento y grave
Su propio corazón: cuando a los vientos
De Norte y Sur virtió su voz sagrada, –
La estrella como un manto, en luz lo envuelve,
Se enciende, como a fiesta, el aire claro,
Y el vivo que a vivir no tuvo miedo,
Se oye que un paso más sube en la sombra!

–Dame el yugo, oh mi madre, de manera
Que puesto en él de pie, luzca en mi frente
Mejor la estrella que ilumina y mata.

ISLA FAMOSA

Aquí estoy, solo estoy, despedazado.
Ruge el cielo: las nubes se aglomeran,
Y aprietan, y ennegrecen, y desgajan:
Los vapores del mar la roca ciñen:
Sacra angustia y horror mis ojos comen:
A qué, Naturaleza embravecida,
A qué la estéril soledad en torno
De quien de ansia de amor rebosa y muere?
Dónde, Cristo sin cruz, los ojos pones?
Dónde, oh sombra enemiga, dónde el ara
Digna por fin de recibir mi frente?
En pro de quién derramaré mi vida?

–Rasgóse el velo: por un tajo ameno
De claro azul, como en sus lienzos abre
Entre mazos de sombra Díaz famoso,
El hombre triste de la roca mira
En lindo campo tropical, galanes
Blancos, y Venus negras, de unas flores
Fétidas y fangosas coronados:
Danzando van: a cada giro nuevo
Bajo los muelles pies la tierra cede!
Y cuando en ancho beso los gastados
Labios sin lustre ya, trémulos juntan,
Sáltanles de los labios agoreras
Aves tintas en hiel, aves de muerte.

SED DE BELLEZA

Solo, estoy solo: viene el verso amigo,
Como el esposo diligente acude
De la erizada tórtola al reclamo.
Cual de los altos montes en deshielo
Por breñas y por valles en copiosos
Hilos las nieves desatadas bajan–
Así por mis entrañas oprimidas
Un balsámico amor y una avaricia
Celeste de hermosura se derraman.
Tal desde el vasto azul, sobre la tierra,
Cual si de alma de virgen la sombría
Humanidad sangrienta perfumasen,
Su luz benigna las estrellas vierten
Esposas del silencio! –y de las flores
Tal el aroma vago se levanta.

Dadme lo sumo y lo perfecto: dadme
Un dibujo del Angelo: una espada
Con puño de Cellini, más hermosa
Que las techumbres de marfil calado
Que se place en labrar Naturaleza.
El cráneo augusto dadme donde ardieron
El universo Hamlet y la furia
Tempestuosa del moro: –la manceba
India que a orillas del ameno río
Que del viejo Chitchén los muros baña
A la sombra de un plátano pomposo
Y sus propios cabellos, el esbelto
Cuerpo bruñido y nítido enjugaba.
Dadme mi cielo azul… dadme la pura
Alma de mármol que al soberbio Louvre
Dio, cual su espuma y flor, Milo famosa.

¡OH, MARGARITA!

Una cita a la sombra de tu oscuro
Portal donde el friecillo nos convida
A apretarnos los dos, de tan estrecho
Modo, que un solo cuerpo los dos sean:
Deja que el aire zumbador resbale,
Cargado de salud, como travieso
Mozo que las corteja, entre las hojas,
                    Y en el pino
Rumor y majestad mi verso aprenda.
Sólo la noche del amor es digna.
La soledad, la oscuridad convienen.
Ya no se puede amar, ¡oh Margarita!

ÁGUILA BLANCA

                    De pie cada mañana
Junto a mi áspero lecho está el verdugo.–

Brilla el sol, nace el mundo, el aire ahuyenta
Del cráneo la malicia,–
Y mi águila infeliz, mi águila blanca
Que cada noche en mi alma se renueva,
Al alba universal las alas tiende
Y camino del sol emprende el vuelo.
Y silencioso el bárbaro verdugo
De un nuevo golpe de puñal le quiebra
El fuerte corazón cada mañana.
Y en vez del claro vuelo al sol altivo

Por entre pies, ensangrentada, rota,
De un grano en busca el águila rastrea.

Oh noche, sol del triste, amable seno
Donde su fuerza el corazón revive,
Perdura, apaga el sol, toma la forma
De mujer, libre y pura, a que yo pueda
Ungir tus pies, y con mis besos locos
Ceñir tu frente y calentar tus manos.
Líbrame, eterna noche, del verdugo,
O dale, a que me dé, con la primera
Alba, una limpia y redentora espada.
Que con qué la has de hacer? Con luz de estrellas!

AMOR DE CIUDAD GRANDE

De gorja son y rapidez los tiempos:
Corre cual luz la voz; en alta aguja
Cual nave despeñada en sirte horrenda
Húndese el rayo, y en ligera barca
El hombre, como alado, el aire hiende.
¡Así el amor, sin pompa ni misterio
Muere, apenas nacido, de saciado!
Jaula es la villa de palomas muertas
Y ávidos cazadores! Si los pechos
Se rompen de los hombres, y las carnes
Rotas por tierra ruedan, no han de verse
Dentro más que frutillas estrujadas!

Se ama de pie, en las calles, entre el polvo

De los salones y las plazas: muere
La flor el día en que nace. Aquella virgen
Trémula que antes a la muerte daba
La mano pura que a ignorado mozo;
El goce de temer; aquel salirse
Del pecho el corazón; el inefable
Placer de merecer; el grato susto
De caminar de prisa en derechura
Del hogar de la amada, y a sus puertas
Como un niño feliz romper en llanto; –
Y aquel mirar, de nuestro amor al fuego,
Irse tiñendo de color las rosas,–
¡Ea, que son patrañas! Pues ¿quién tiene
Tiempo de ser hidalgo! Bien que sienta
Cual áureo vaso o lienzo suntuoso
Dama gentil en casa de magnate!
O si se tiene sed, se alarga el brazo
Y a la copa que pasa, se la apura!
Luego, la copa turbia al polvo rueda,
Y el hábil catador, –manchado el pecho
De una sangre invisible,– sigue alegre
Coronado de mirtos, su camino!
No son los cuerpos ya sino desechos,
Y fosas, y jirones! Y las almas
No son como el árbol fruta rica
En cuya blanda piel la almíbar dulce
en su sazón de madurez rebosa,–
Sino fruta de plaza que a brutales
Golpes el rudo labrador madura!
¡La edad es esta de los labios secos!
De las noches sin sueño! De la vida
Estrujada en agraz! ¿Qué es lo que falta
Que la ventura falta? Como liebre

Azorada, el espíritu se esconde,
Trémula huyendo al cazador que ríe,
Cual en soto selvoso, en nuestro pecho;
Y el Deseo, de brazo de la Fiebre,
Cual rico cazador recorre el soto.

¡Me espanta la ciudad! Toda está llena
De copas por vaciar, o huecas copas!
¡Tengo miedo ¡ay de mí! de que este vino
Tósigo sea, y en mis venas luego
Cuan duende vengador los dientes clave!
Tengo sed, –mas de un vino que en la tierra
No se sabe beber! ¡No he padecido
Bastante aún, para romper el muro
Que me aparta ¡oh dolor! de mi viñedo!
Tomad vosotros, catadores ruines
De vinillos humanos, esos vasos
Donde el jugo de lirio a grandes sorbos
Sin compasión y sin temor se bebe!
Tomad! Yo soy honrado, y tengo miedo!

Nueva York, abril de 1882

HE VIVIDO: ME HE MUERTO…

He vivido: me he muerto: y en mi andante
Fosa sigo viviendo: una armadura
Del hierro montaraz del siglo octavo,
Menos, sí, menos que mi rostro pesa.
Al cráneo inquieto lo mantengo fijo

Porque al rodar por tierra, el mar de llanto
[.................................], no asombre.
Quejarme, no me quejo: que es de lacayos
Quejarse, y de mujeres,
Y de aprendices de la trova, manos
Nuevas en liras viejas: –Pero vivo
Cual si mi ser entero en un agudo
Desgarrador sollozo se exhalara.–
De tierra, a cada sol mis restos propios
Recojo, en junto los apilo, a rastras
A la implacable luz y a los voraces
Hombres cual si vivieran los paseo:
Mas si frente a la luz me fuese dado
Como en la sombra do[nde] duermo, al polvo
Mis disfraces echar, viérase súbito
Un cuerpo sin calor venir a tierra
Tal como un monte muerto que en sus propias
Inanimadas faldas se derrumba.

He vivido: al deber juré mis armas
Y si una vez el sol dobló las cuestas
Sin que mi lidia y mi victoria viere:–
Ni hablar, ni ver, ni pensar yo quisiera!
Cruzados ambos brazos, como en nube
Parda, en mortal sosiego me hundiría.
De noche, cuando al sueño a sus soldados
En el negro cuartel llama la vida,
La espalda vuelvo a cuanto vive: al muro
La frente doy, y como jugo y copia
De mis batallas en la tierra miro–
La rubia cabellera de una niña
Y la cabeza blanca de un anciano!

ESTROFA NUEVA

Cuando, oh Poesía,
Cuando en tu seno reposar me es dado!–
Ancha es y hermosa y fúlgida la vida:
Que éste o aquél o yo vivamos tristes,
Culpa de éste o aquél será, o mi culpa!
Nace el corcel, del ala más lejano
Que el hombre, en quien el ala encumbradora
Ya en los ingentes brazos se diseña:
Sin más brida el corcel nace que el viento
Espoleador y flameador, –al hombre
La vida echa sus riendas en la cuna!
Si las tuerce o revuelve, y si tropieza
Y da en atolladero, a sí se culpe
Y del incendio o del zarzal redima
La destrozada brida: sin que al noble
Sol y [...] vida desafíe.
De nuestro bien o mal autores somos,
Y cada cual autor de sí: la queja
A la torpeza y la deshonra añade
De nuestro error: cantemos, sí, cantemos
Aunque las hidras nuestro pecho roan
El Universo colosal y hermoso!

Un obrero tiznado, una enfermiza
Mujer, de faz enjuta y dedos gruesos:
Otra que al dar al sol los entumidos
Miembros en el taller, como una egipcia
Voluptuosa y feliz, la saya burda
Con las manos recoge, y canta, y danza:
Un niño que, sin miedo a la ventisca,
Como el soldado con el arma al hombro,

Va con sus libros a la escuela: el denso
Rebaño de hombres que en silencio triste
Sale a la aurora y con la noche vuelve
Del pan del día en la difícil busca, –
Cual la luz a Memnón, mueven mi ir.
Los niños, versos vivos, los heroicos
Y pálidos ancianos, los oscuros
Hornos donde en bridón o tritón truecan
Los hombres victoriosos las montañas
Astiánax son y Andrómaca mejores,
Mejores, sí, que las del viejo Homero
Naturaleza, siempre viva: el mundo
De minotauro yendo a mariposa
Que de rondar el sol enferma y muere:
Dejad, por Dios, que la mujer cansada
De amar, con leche y menjurjes
Su piel rugosa y su beldad restaure,
Repítense las viejas: la doncella
Con rosas naturales se corone: –
La sed de luz, que como el mar salado
La de los labios con el agua amarga
De la vida se irrita: la columna
Compacta de altantes, que sin miedo,
Al Dios de ayer en los desnudos hombros
La mano libre y desterrada ponen, –
Y los ligeros pies en el vacío, –
Poesía son, y estrofa alada, y grito
Que ni en tercetos ni en octava estrecha
Ni en remilgados serventesios caben:

Vaciad un monte, –en tajo de Sol vivo
Tallad un plectro: o de la mar brillante

El seno rojo y nacarado, el molde
De la triunfante estrofa nueva sea!

Como nobles de Nápoles, fantasmas
Sin carnes ya y sin sangre, que en palacios
Muertos y oscuros con añejas chupas
De comido blasón, a paso sordo
Andan, y al mundo que camina enseñan
Como un grito sin voz la seca encía,
Así, sobre los árboles cansados,
Y los ciriales rotos, y los huecos
De oxidadas diademas, duendecillos
Con chupa vieja y metro viejo asoman!
No en tronco seco y muerto hacen sus nidos,
Alegres recaderos de mañana,
Las lindas aves, cuerdas y gentiles:
Ramaje quieren suelto y denso, y tronco
Alto y robusto, en fibra rico y savia.
Mas con el sol se alza el deber: se pone
Mucho después que el sol: de la hornería
Y su batalla y su fragor cansada
La mente plena en el rendido cuerpo,
Atormentada duerme, –como el verso
Vivo en los aires, por la lira rota
Sin dar sonidos desolado pasa!
Perdona, pues, oh estrofa nueva, el tosco
Alarde de mi amor. Cuando, oh Poesía,
Cuando en tu seno reposar me es dado.

MUJERES

Ésta, es rubia: ésa, oscura: aquélla, extraña
Mujer de ojos de mar y cejas negras:
Y una cual palma egipcia alta y solemne
Y otra como un canario gorjeadora.
Pasan, y muerden: los cabellos luengos
Echan, como una red: como un juguete
La lánguida beldad ponen al labio
Casto y febril del amador que a un templo
Con menos devoción que al cuerpo llega
De la mujer amada: ella, sin velos
Yace, y a su merced; –él, casto y mudo
En la inflamada sombra alza dichoso
Como un manto imperial de luz de aurora.
Cual un pájaro loco en tanto ausente
En frágil rama y en menudas flores
De la mujer el alma travesea:
Noble furor enciende al sacerdote
Y a la insensata, contra el ara augusta
Como una copa de cristal rompiera: –
Pájaros, sólo pájaros: el alma
Su ardiente amor reserve al universo.

II

Vino hirviente es amor: del vaso afuera,
Echa, brillando al Sol, la alegre espuma:
Y en sus claras burbujas, desmayados
Cuerpos, rizosos niños, cenadores
Fragantes y amistosas alamedas
Y juguetones ciervos se retratan:
De joyas, de esmeraldas, de rubíes,

De ónices y turquesas y del duro
Diamante al fuego eterno derretidos,
Se hace el vino satánico: Mañana
El vaso sin ventura que lo tuvo
Cual comido de hienas, y espantosa
Lava mordente se verá quemado.

III

Bien duerma, bien despierte, bien recline–
Aunque no lo reclino– bien de hinojos,
Ante un niño que juega el cuerpo doble
Que no se dobla a viles y a tiranos,
Siento que siempre estoy en pie: –si suelo
Cual del niño en los rizos suele el aire
Benigno, en los piadosos labios tristes
Dejar que vuele una sonrisa, –es fijo
Así, sépalo el mozo, así sonríen
Cuantos nobles y crédulos buscaron
El sol eterno en la belleza humana.
Sólo hay un vaso que la sed apague
De hermosura y amor: Naturaleza
Abrazos deleitosos, híbleos besos
A sus amantes pródiga regala.

IV

Para que el hombre los tallara, puso
El monte y el volcán Naturaleza,–
El mar, para que el hombre ver pudiese
Que era menor que su cerebro, –en horno
Igual, sol, aire y hombres elabora.
Porque los dome, el pecho al hombre inunda

Con pardos brutos y con torvas fieras.
¡Y el hombre, no alza el monte: no en el libre
Aire, ni en sol magnífico se trueca:
Y en sus manos sin honra, a las sensuales
Bestias del pecho el corazón ofrece:
A los pies de la esclava vencedora:
El hombre yace, deshonrado, muerto.

ASTRO PURO

De un muerto, que al calor de un astro puro,
De paso por la tierra, como un manto
De oro sintió sobre sus huesos tibios
El polvo de la tumba, al sol radiante
Resucitó gozoso, vivió un día,
Y se volvió a morir, –son estos versos:

Alma piadosa que a mi tumba llamas
Y cual la blanca luz de astros de Enero,
Por el palacio de mi pecho en ruinas
Entras, e irradias, y los restos fríos
De los que en él voraces habitaron
Truecas, oh maga! en cándidas palomas: –
Espíritu, pureza, luz, ternura,
Ave sin pies que el ruido humano espanta,
Señora de la negra cabellera,
El verso muerto a tu presencia surge
Como a las dulces horas del rocío
En el oscuro mar el sol dorado
Y álzase por el aire, cuando existe

Cual su manto en el vuelo recogiendo,
Y a ti llega, y se postra, y por la tierra
En colosales pliegues [...]
Con majestad de púrpura romana.
Besé tus pies –te vi pasar: Señora,
Perfume y luz tiene por fin la tierra!
El verso aquel que a dentelladas duras
La vida diaria y ruin me remordía
Y en ásperos retazos, de mis secos
Y codiciosos labios se exhalaba,
Ora triunfante y melodioso bulle,
Y como ola de mar al sol sereno
Bajo el espacio azul rueda en espuma:
Oh mago, oh mago amor!

Ya compañía
Tengo para afrontar la vida eterna:
Para la hora de la luz, la hora
De reposo y de flor, ya tengo cita.

Esto diciendo, los abiertos brazos
Tendió el cantor, como a abrazar. El vivo
Amor que su viril estrofa mueve
Sólo duró lo que su estrofa dura:
Alma infeliz el alma ardiente, aquélla
En que el ascua más leve alza un incendio
[......................................] y el sueño
Que vio esplender, y quiso asir, hundióse
Como un águila muerta: el ígneo, el [...]
Calló, brilló, volvió solo a su tumba.

CRIN HIRSUTA

Que como crin hirsuta de espantado
Caballo que en los troncos secos mira
Garras y dientes de tremendo lobo,
Mi destrozado verso se levanta...?
Sí,: pero se levanta! –a la manera
Como cuando el puñal se hunde en el cuello
De la res, sube al cielo hilo de sangre: –
Sólo el amor, engendra melodías.

CON UN ASTRO LA TIERRA SE ILUMINA

Con un astro la tierra se ilumina:
Con el perfume de una flor se llenan
Los ámbitos inmensos: como vaga,
Misteriosa envoltura, una luz tenue
Naturaleza encubre, –y una imagen
Misma, del linde en que se acaba, brota
Entre el humano batallar. Silencio!
En el color, oscuridad! Enciende
El sol al pueblo bullicioso, y brilla
La blanca luz de luna! –En los ojos
La imagen va, –porque si fuera buscan
Del vaso herido la admirable esencia,
En haz de aromas a los ojos surge: –
Y si al peso del párpado obedecen,
Como flor que al plegar las alas plega
Consigo su perfume, en el solemne

Templo interior como lamento triste
La pálida figura se levanta!
Divino oficio!: el Universo entero,
Su forma sin perder, cobra la forma
De la mujer amada, y el esposo
Ausente, el cielo póstumo adivina
Por el casto dolor purificado.

BANQUETE DE TIRANOS

Hay una raza vil de hombres tenaces
De sí propios inflados, y hechos todos,
Todos, del pelo al pie, de garra y diente:
Y hay otros, como flor, que al viento exhalan
En el amor del hombre su perfume.
Como en el bosque hay tórtolas y fieras
Y plantas insectívoras y pura
Sensitiva y clavel en los jardines.
De alma de hombres los unos se alimentan:
Los otros su alma dan a que se nutran
Y perfumen su diente los glotones,
Tal como el hierro frío en las entrañas
De la virgen que mata se calienta.

A un banquete se sientan los tiranos
Donde se sirven hombres: y esos viles
Que a los tiranos aman, diligentes
Cerebro y corazón de hombres devoran:
Pero cuando la mano ensangrentada

Hunden en el manjar, del mártir muerto
Surge una luz que les aterra, flores
Grandes como una cruz súbito surgen
Y huyen, rojo el hocico, y pavoridos
A sus negras entrañas los tiranos.

Los que se aman a sí: los que la augusta
razón a su avaricia y gula ponen:
Los que no ostentan en la frente honrada
Ese cinto de luz que el yugo funde
Como el inmenso sol en ascuas quiebra
Los astros que a su seno se abalanzan:
Los que no llevan del decoro humano
Ornado el sano pecho: los menores
Y segundones de la vida, sólo
A su goce ruin y medro atentos
Y no al concierto universal.

Danzas, comidas, músicas, harenes,
Jamás la aprobación de un hombre honrado.
Y si acaso sin sangre hacerse puede
Hágase… clávalos, clávalos
En el horcón más alto del camino
Por la mitad de la villana frente,
A la grandiosa humanidad traidores.
        Como implacable obrero
Que un féretro de bronce clavetea,
        Los que contigo
Se parten la nación a dentelladas.

[CONTRA EL VERSO RETÓRICO Y ORNADO]

Contra el verso retórico y ornado
El verso natural. Acá un torrente:
Aquí una piedra seca. Allá un dorado
Pájaro, que en las ramas verdes brilla,
Como una marañuela entre esmeraldas.–
Acá la huella fétida y viscosa
De un gusano: los ojos, dos burbujas
De fango, pardo el vientre, craso, inmundo.
Por sobre el árbol, más arriba, sola
En el cielo de acero una segura
Estrella; y a los pies el horno,
El horno a cuyo ardor la tierra cuece.
Llamas, llamas que luchan, con abiertos
Huecos como ojos, lenguas como brazos,
Saña como de hombre, punta aguda
Cual de espada: la espada de la vida
Que incendio a incendio gana al fin la tierra!
Trepa: viene de adentro: ruge: aborta:
Empieza el hombre en fuego y para en ala.
Y a su paso triunfal, los maculados,
Los viles, los cobardes, los vencidos,
Como serpientes, como gozques, como
Cocodrilos de doble dentadura
De acá, de allá, del árbol que le ampara,
Del suelo que le tiene, del arroyo
Donde apaga la sed, del yunque mismo
Donde se forja el pan, le ladran y echan
El diente al pie, al rostro el polvo y lodo,
Cuanto cegarle puede en su camino.

Él, de un golpe de ala, barre el mundo
Y sube por la atmósfera encendida
Muerto como hombre y como sol sereno.
Así ha de ser la noble poesía:
Así como la vida: estrella y gozque;
La cueva dentellada por el fuego,
El pino en cuyas ramas olorosas
A la luz de la luna canta un nido.

VINO DE CHIANTI

Hay un derecho
Natural al amor: ¿reside acaso,
Chianti, en tu áspera gota, en tu mordente
Vino, que habla y engendra, o en la sabia
Unión de la hermosura y el deseo?
Cuanto es bello, ya es mío: no cortejo,
Ni engaño vil, ni mentiroso adulo:
De los menores es el amarillo
oro que entre las rocas serpentea,
De los menores: para mí es el oro
Del vello y de la piel trigueña.
Mi título al nacer puso en mi cuna,
El sol que al cielo consagró mi frente.
Yo sólo sé de amor. Tiembio espantado
Cuando, como culebras, las pasiones
Del hombre envuelven tercas mi rodilla;
Ciñen mis muslos, y echan a mis alas,–
Lucha pueril, las lívidas cabezas:–
Por ellas tiemblo, ni por mí, a mis alas

No llegarán jamás: antes las cubro
Para que ni las vean: el bochorno
Del hombre es mi bochorno: mis mejillas
Sufren de la maldad del Universo:
Loco es mi amor, y, como el sol; revienta
En luz, pinta la nube, alegra la onda,
Y con suave calor como la amiga
Mano que al tigre tempestuoso aquieta,
Doma la sombra, y pálido difunde
Su beldad estelar en las negruzcas
Sirtes, tremendas abras, alevosos
Despeñaderos, donde el lobo atisba,
Arropado en la noche, al que la espanta
Con el fulgor de su alba vestidura.

ÁRABE

Sin pompa falsa ¡oh árabe! saludo
Tu libertad, tu tienda y tu caballo.
Como se ven desde la mar las cumbres
De la tierra, tal miro en mi memoria
Mis instantes felices; sólo han sido
Aquellos en que, a solas, a caballo
Vi el alba, salvé el riesgo, anduve el monte,
Y al volver, como tú, fiero y dichoso
Solté las bridas, y apuré sediento
Una escudilla de fragante leche.

Los hombres, moro mío,
Valen menos que el árbol que cobija

Igual a rico y pobre, menos valen
Que el lomo imperial de tu caballo.

Oh, ya no viene el verso cual solía
Como un collar de rosas, o a manera
Del caballero de la buena espada
Toda de luz vestida la figura:
Viene ya como un buey, cansado y viejo
De halar de la pértiga en tierra seca.

ANTES DE TRABAJAR

Antes de trabajar, como el cruzado
Saludaba a la hermosa en la arena,
La lanza de hoy, la soberana pluma
Embrazo, a la pasión, corcel furioso
Con mano ardiente embrido, y de rodillas
Pálido domador, saludo al verso.

Después, como el torero, al circo salgo
A que el cuerpo sepulte en mis entrañas
El toro enfurecido. Satisfecho
De la animada lid, el mundo amable
Merendará, mientras expiro helado,
Pan blanco y vino rojo, y los esposos
Nuevos se encenderán con las miradas.

En las playas el mar dejará en tanto
Nuevos granos de arena: nuevas alas
Asomarán ansiosas en los huevos
Calientes de los nidos: los cachorros

Del tigre echarán diente: en los preñados
Árboles de la huerta, nuevas hojas
Con frágil verde poblarán las ramas.

Mi verso crecerá: bajo la yerba
Yo también creceré: ¡Cobarde y ciego
Quién del mundo magnífico murmura!

DOS PATRIAS

Dos patrias tengo yo: Cuba y la noche.
¿O son una las dos? No bien retira
Su majestad el sol, con largos velos
Y un clavel en la mano, silenciosa
Cuba cual viuda triste me aparece.
¡Yo sé cuál es ese clavel sangriento
Que en la mano le tiembla! Está vacío
En donde estaba el corazón. Ya es hora
De empezar a morir. La noche es buena
Para decir adiós. La luz estorba
Y la palabra humana. El universo
Habla mejor que el hombre.
Cual bandera
Que invita a batallar, la llama roja
De la vela flamea. Las ventanas
Abro, ya estrecho en mí. Muda, rompiendo
Las hojas del clavel, como una nube
Que enturbia el cielo, Cuba viuda pasa...

DOMINGO TRISTE

Las campanas, el Sol, el cielo claro
Me llenan de tristeza, y en los ojos
Llevo un dolor que todo el mundo mira,
Un rebelde dolor que el verso rompe
Y es ¡oh mar! la gaviota pasajera
Que rumbo a Cuba va sobre tus olas!

Vino a verme un amigo, y a mí mismo
Me preguntó por mí; ya en mí no queda
Más que un reflejo mío, como guarda
La sal del mar la concha de la orilla.
Cáscara soy de mí, que en tierra ajena
Gira, a la voluntad del viento huraño,
Vana, sin fruta, desgarrada, rota.
Miro a los hombres como montes; miro
Como paisajes de otro mundo, el bravo
Codear, el mugir, el teatro ardiente
De la vida en mi torno: Ni un gusano
Es ya más infeliz: suyo es el aire
Y el lodo en que muere es suyo.
Siento la coz de los caballos, siento
Las ruedas de los carros; mis pedazos
Palpo: ya no soy vivo: ni lo era
Cuando el barco fatal levó las anclas
Que me arrancaron de la tierra mía!

AL EXTRANJERO

I

Hoja tras hoja de papel consumo:
Rasgos, consejos, iras, letras fieras
Que parecen espadas: Lo que escribo,
Por compasión lo borro, porque el crimen,
El crimen es al fin de mis hermanos.
Huyo de mí, tiemblo del Sol; quisiera
Saber dónde hace el topo su guarida,
Dónde oculta su escama la serpiente,
Dónde sueltan la carga los traidores,
Y dónde no hay honor, sino ceniza:
¡Allí, mas sólo allí, decir pudiera
Lo que dicen ¡y viven! que mi patria
Piensa en unirse al bárbaro extranjero!

II

Yo callaré: yo callaré: que nadie
Sepa que vivo: que mi patria nunca
Sepa que en soledad muero por ella:
Si me llaman, iré: yo sólo vivo
Porque espero a servirla: así, muriendo,
La sirvo yo mejor que husmeando el modo
De ponerla a los pies del extranjero!

[ENVILECE, DEVORA...]

Envilece, devora, enferma, embriaga
La vida de ciudad: se come el ruido,
Como un corcel la yerba, la poesía.
Estréchase en las casas la apretada
Gente, como un cadáver en su nicho:
Y con penoso paso por las calles
Pardas, se arrastran hombres y mujeres
Tal como sobre el fango los insectos,
Secos, airados, pálidos, canijos.

Cuando los ojos, del astral palacio
De su interior, a la ciudad convierte
El alma heroica, no en batallas grandes
Piensa, ni en templos cóncavos, ni en lides
De la palabra centelleante: piensa
En abrazar, como en un haz, los pobres
Y adonde el aire es puro, y el sol claro
Y el corazón no es vil, volar con ellos.

[SÓLO EL AFÁN...]

Sólo el afán de un náufrago podría
Compararse a mi afán:
Lejos el cielo y hondo el mar; [...]
A un alma sin amor, que en el tumulto
De rostro en rostro, por su tarda amante
En vano inquiere, y lívida jadea.
¡Yo sé, madres sin hijos, la tortura

De vuestro corazón! ¡yo sé del triste
Sediento, y del hambriento; y del que lleva
Un muerto en las entrañas! Asgo el aire;
Suplico en alta voz, desesperado
Gimo, a la sorda sombra pido un beso:
De mí no sé. Me olvido. Me recoge
La desesperación: y entre los brazos
Del hambre, a tanto el plato, me despierto!

Yo sé que de las rosas
Holladas al morir brota un gemido:
Yo he visto el alma pálida que surge
De la yerba que troncha el casco duro
Cual lágrima con alas: yo padezco
De aquel dolor del agua cristalina
Que el sol ardiente desdeñoso seca.
Sé de náuseas mortales y el deseo
De vaciar de una vez el pecho ansioso,
Como en la mesa el bebedor cansado
Vuelca la copa del inútil vino.

[BIEN: YO RESPETO]

Bien: yo respeto
A mi modo brutal, un modo manso
Para los infelices e implacable
Con los que el hambre y el dolor desdeñan,
Y el sublime trabajo, yo respeto
La arruga, el callo, la joroba, la hosca
Y flaca palidez de los que sufren.

Respeto a la infeliz mujer de Italia,
Pura como su cielo, que en la esquina
De la casa sin sol donde devoro
Mis ansias de belleza, vende humilde
Piñas dulces o pálidas manzanas.
Respeto al buen francés, bravo, robusto,
Rojo como su vino, que con luces
De bandera en los ojos, pasa en busca
De pan y gloria al Istmo donde muere.

[DE MIS TRISTES ESTUDIOS...]

De mis tristes estudios, de mis sombras
Nauseabundas y bárbaras, resurjo
Lleno el pecho jovial de un amor loco
Por la mujer hermosa y la poesía:
¡Siempre juntas las dos! Dos ojos negros,
A mí, que no ando en cuerpos, o ando apenas,
Como una antorcha en las tinieblas, vuelven
A mi aterrado espíritu la vida:
¡Dos ojos negros, que entreví, pasando,
Ya hacia la noche, ante una puerta oscura!

[SIEMPRE QUE HUNDO LA MENTE EN LIBROS GRAVES]

Siempre que hundo la mente en libros graves
La saco con un haz de luz de aurora:
Yo percibo los hilos, la juntura,
La flor del Universo: yo pronuncio
Pronta a nacer una inmortal poesía.
No de dioses de altar ni libros viejos,
No de flores de Grecia, repintadas
Con menjurjes de moda, no con rastros
De rastros, no con lívidos despojos
Se amasará de las edades muertas:
Sino de las entrañas exploradas
Del Universo, surgirá radiante
Con la luz y las gracias de la vida.
Para vencer, combatirá primero:
E inundará de luz, como la aurora.–

[POR DIOS QUE CANSA]

Por Dios que cansa
Tanto poetín que su dolor de hormiga
Al Universo incalculable cuenta.–
¿Qué al mar, qué a los pilares de alabastro
Que sustentan la tierra, qué a las cumbres
Que echan el hombre al cielo, qué a la mole
Azul que enrubia el Sol, qué al orbe puro
Donde se extingue en pensamiento el hombre

Y el mundo acaba, acrisolado, en ala,
Qué al festín de los astros doler puede
Que porque a Francisquín prefiere Antonia
Un recio Capitán, Francisco llore?
Que engaña Antonia? ¡Antonia siempre engaña!

A trabajar! a iluminar! piqueta
Y pilón, astro y llama, y obelisco
De fuego, y guía al Sol, el verso sea!
Ya las mieles de amor llegan al cuello.
Con la mujer del brazo, ámese al hombre.
Quien pida amor ha de inspirar respeto.
Y si una pena bárbara, ceñuda,
Y vasta como el mar, te invade y come,
Muere, muere en silencio, como muere,
Sorbida por el mar, una montaña.

21 de julio de 1885

[LA SELVA ES HONDA...]

La selva es honda. Corpulenta flora,
Como densa muralla, el aire fresco
Con sus perfumes penetrantes carga,–
Y el tronco gris, y el ramo verde vierten
Guirnaldas de moradas hipomeas.
Lamiendo el tronco,
Luengas raíces, de la azul laguna
Las anchas ondas perezosas besan,
Como mujer que, en ademán de sueño

Los senos recios adelante echando
Los brazos tiende al amador tardío.
Las verdes hojas, prometiendo amores,
Murmuran; y en las ondas se reflejan,
Como los vivos que en la tierra corren
La dicha viendo, sin hallarla nunca
Y las raíces, de su tronco esclavas,–
Como el espíritu el carnal arreo,
Con desperado aliento se sacuden,–
Y, como el alma en los espacios mueve
Un ala, en tanto que en el tronco gime
El ala esposa, gemidora esclava,
Al árbol alto reciamente juntos
Los blandos hilos en las ondas flotan.

[DE FORMA EN FORMA, Y DE ASTRO EN ASTRO VENGO]

De forma en forma, y de astro en astro vengo;
Viejo nací: ¿Quién soy? Lo sé. Soy todo:–
El animal y el hombre, el árbol preso
Y el pájaro volante: evangelista
Y bestia soy: me place el sacrificio
Más que el gozo común: con esto sólo
Sé ya quién soy: ya siento do mi mano
Ceder las puertas fúlgidas del cielo.

[CON LETRAS DE ASTROS...]

Con letras de astros el horror que he visto
En el espacio azul grabar querría.
En la llanura, muchedumbre: –en lo alto
Mientras que los de abajo andan y ruedan
Y sube olor de frutas estrujadas,
Olor de danza, olor de lecho, en lo alto
De pie entre negras nubes, y en sus hombros
Cual principio de alas se descuelgan,
Como un monarca sobre un trono, surge
Un joven bello, pálido y sombrío
Como estrella apagada, en el izquierdo
Lado del pecho vésele la abertura
Honda y boqueante, bien como la tierra
Cuando de cuajo un árbol se le arranca.
Abalánzanse, apriétanse, recógense,
Ante él, en negra tropa, toda suerte
De fieras, anca al viento, y bocas juntas
En una inmensa boca, –y en bordado
Plato de oro bruñido y perlas finas
Su corazón el bardo les ofrece.

[MIS VERSOS VAN REVUELTOS Y ENCENDIDOS]

Mis versos van revueltos y encendidos
Como mi corazón: bien es que corra
Manso el arroyo que en el fácil llano

Entre céspedes frescos se desliza:
Ay!: pero el agua que del monte viene
Arrebatada; que por hondas breñas
Baja, que la destrozan; que en sedientos
Pedregales tropieza, y entre rudos
Troncos salta en quebrados borbotones,
¿Cómo despedazada, podrá luego
Cual lebrel de salón, jugar sumisa
En el jardín podado con las flores,
o en la pecera de oro ondear alegre
Para querer de damas olorosas?
Inundará el palacio perfumado
Como profanación: se entrará fiera
Por los joyantes gabinetes, donde
Los bardos, lindos como abates, hilan
Tiernas quintillas y romances dulces
Con aguja de plata en blanca seda.
Y sobre sus divanes espantadas
Las señoras, los pies de media suave
Recogerán, –en tanto el agua rota,–
Convulsa, como todo lo que expira,
Besa humilde el chapín abandonado,
Y en bruscos saltos destemplada muere!

POÉTICA

La verdad quiere cetro. El verso mío
Puede, cual paje amable, ir por lujosas
Salas, de aroma vario y luces ricas,
Temblando enamorado en el cortejo

De una ilustre princesa, o gratas nieves
Repartiendo a las damas. De espadines
Sabe mi verso, y de jubón violeta
Y toca rubia, y calza acuchillada.
Sabe de vinos tibios y de amores
Mi verso montaraz; pero el silencio
Del verdadero amor, y la espesura
De la selva prolífica prefiere:
¡Cuál gusta del canario, cuál del águila!

[LA POESÍA ES SAGRADA...]

La poesía es sagrada. Nadie
De otro la tome, sino en sí. Ni nadie
Como a esclava infeliz que el llanto enjuga
Para acudir a su inclemente dueña,
La llame a voluntad: que vendrá entonces
Pálida y sin amor, como una esclava.
Con desmayadas manos el cabello
Peinará a su señora: en alta torre,
Como pieza de gran repostería,
Le apretará las trenzas; o con viles
Rizados cubrirá la noble frente
Por donde el alma su honradez enseña;
O lo atará mejor, mostrando el cuello,
Sin otro adorno, en un discreto nudo.
¡Mas mientras la infeliz peina a la dama,
Su triste corazón, cual ave roja
De alas heridas, estará temblando
Lejos ¡ay! en el pecho de su amante,

Como en invierno un pájaro en su nido!
¡Maldiga Dios a dueños y a tiranos–
Que hacen andar los cuerpos sin ventura
Por do no pueden ir los corazones!–

[CUENTAN QUE ANTAÑO…]

Cuentan que antaño, –y por si no lo cuentan,
Invéntolo,– un labriego que quería
Mucho a un zorzal, a quien dejaba libre
Surcar el aire y desafiar el viento–
De cierto bravo halcón librarlo quiso
Que en cazar por el ala adestró astuto
Un señorín de aquellas cercanías,–
Y púsole al zorzal el buen labriego
Sobre sus alas, otras dos, de modo
Que el vuelo alegre al ave no impidiesen.

Salió el sol, y el halcón, rompiendo nubes,
Tras el zorzal, que a la querencia amable
Del labrador inquieto se venía:
Ya le alcanza: ya le hinca: ya estremece
En la mano del mozo el hilo duro:
Mas ¡guay del señorín!: el halcón sólo
Prendió al zorzal, que diestro se le escurre,
Por las alas postizas del labriego.
¡Así, quien caza por la rima, aprende
Que en sus garras se escapa la poesía!

CANTO RELIGIOSO

La fatiga y las sábanas sacudo:
Cuando no se es feliz, abruma el sueño.
A ver la luz que alumbra su desdicha
Resístense los ojos– y parece
No que en plumones mansos se ha dormido
Sino en los brazos negros de una fiera.
Al aire luminoso, como al río
El sediento peatón, dos labios se abren:
El pecho en lo interior se encumbra y goza
Como el hogar feliz cuando recibe
En Año Nuevo a la familia amada;–
Y brota, frente al Sol, el pensamiento!
        Mas súbito, los ojos se oscurecen,
Y el cielo, y a la frente va la mano
Cual militar que el pabellón saluda:
Los muertos son, los muertos son, devueltos
A la luz maternal: los muertos pasan.
        Y sigo a mi labor, como creyente
A quien ungió en la sien el sacerdote
De rostro liso y vestiduras blancas.–
Practico: En el divino altar comulgo
De la Naturaleza: el mundo todo
Fluye mi vino: es mi hostia el alma humana.

[NO, MÚSICA TENAZ, ME HABLES DEL CIELO!]

No, música tenaz, me hables del cielo!

¡Es morir, es temblar, es desgarrarme
Sin compasión el pecho! Si no vivo
Donde como una flor al aire puro
Abre su cáliz verde la palmera,
Si del día penoso a casa vuelvo...
¿Casa dije? No hay casa en tierra ajena!...
Roto vuelvo en pedazos encendidos!
Me recojo del suelo: alzo y amaso
Los restos de mí mismo; ávido y triste,
Como un estatuador un Cristo roto:
Trabajo, siempre en pie, por fuera un hombre,
¡Venid a ver, venid a ver por dentro!
Pero tomad a que Virgilio os guíe...
Si no, estaos afuera: el fuego rueda
Por la cueva humeante: como flores
De un jardín infernal se abren las llagas:
Y boqueantes por la tierra seca
Queman los pies los escaldados leños!
¡Toda fue flor la aterradora tumba!
No, música tenaz, me hables del cielo!

MI POESÍA

Muy fiera y caprichosa es la Poesía.
A decírselo vengo al pueblo honrado...
La denuncio por fiera. Yo la sirvo
Con toda honestidad: no la maltrato;
No la llamo a deshora, cuando duerme,
Quieta, soñando, de mi amor cansada,
Pidiendo para mí fuerzas al cielo;
No la pinto de gualda y amaranto
Como aquesos poetas; no le estrujo
En un talle de hierro el franco seno;
Y el cabello dorado, suelto al aire,
Ni con cintas retóricas le aprieto:
No: no la pongo en lívidas vasijas
Que morirán; sino la vierto al mundo,
A que cree y fecunde; y ruede y crezca
Libre cual las semillas por el viento:
Eso sí: cuido mucho de que sea
Claro el aire en su torno; musicales
Las ramas que la amparan en el sueño
Y limpios y aromados sus vestidos.–
Cuando va a la ciudad, mi Poesía.
Me vuelve herida toda; el ojo seco
Como de enajenado, las mejillas
Como hundidas, de asombro: los dos labios
Gruesos, blandos, manchados; una que otra
Gota de cieno en ambas manos puras
Y el corazón, por bajo el pecho roto
Como un cesto de ortigas encendido:
Así de la ciudad me vuelve siempre:
Mas con el aire de los campos cura.
Baja del cielo en la severa noche

Un bálsamo que cierra las heridas.–
¡Arriba oh corazón: quién dijo muerte?

Yo protesto que mimo a mi Poesía:
Jamás en sus vagares la interrumpo,
Ni de su ausencia larga me impaciento.
¡Viene a veces terrible! ¡Ase mi mano,
Encendido carbón me pone en ella
Y cual por sobre montes me la empuja!:–
Otras ¡muy pocas! viene amable y buena,
Y me amansa el cabello; y me conversa
Del dulce amor, y me convida a un baño!
Tenemos ella y yo, cierto recodo
Púdico en lo más hondo de mi pecho:
Envuelto en olorosa enredadera!–
Digo que no la fuerzo: y jamás la adorno,
Y sé adornar; jamás la solicito,
Aunque en tremendas sombras suelo a veces
Esperarla, llorando, de rodillas.
Ella ¡oh coqueta grande! en mi noche
Airada entra, la faz sobre ambas manos
Mirando como crecen las estrellas.
Luego, con paso de ala, envuelta en polvo
De oro, baja hasta mí, resplandeciente.
Viome un día infausto, rebuscando necio–
Perlas, zafiros, ónices,
Para ornarle la túnica a su vuelta.–
Ya de mi lado, [p.i.] tenía,
[p.i.] y acicaladas en hilera,
Octavas de claveles: cuartetines
De flores campesinas; tríos, dúos
De ardiente lirio y pálida azucena.
¡Qué guirnaldas de décimas! qué flecos

De sonoras quintillas! qué ribetes
De pálido romance,– qué lujosos
Broches de rima rara: qué repuesto
De mil consonantillos serviciales
Para ocultar con juicio las junturas:
Obra, en fin, de suprema joyería!–
Mas de pronto una lumbre silenciosa
Brilla; las piedras todas palidecen,
Como muertas, las flores caen en tierra
Lívidas, sin color: es que bajaba
De ver nacer los astros mi poesía!–
Como una cesta de caretas rotas
Eché a un lado mis versos. Digo al pueblo
Que me tiene oprimido mi Poesía:
Yo en todo la obedezco: apenas siento
Por cierta voz del aire que conozco
Su próxima llegada, pongo en fiesta
Cráneo y pecho; levantánse en la mente,
Alados, los corceles; por las venas
La sangre ardiente al paso se dispone;
El aire ansío, alejo las visitas,
Muevo el olvido generoso, y barro
De mí las impurezas de la tierra!
¡No es más pura que mi alma la paloma
Virgen que llama a su primer amigo!
Baja; vierte en mi mano unas extrañas
Flores que el cielo da: flores que queman–
Como de un mar que sube, sufre el pecho,
Y a la divina voz, la idea dormida,
Royendo con dolor la carne tersa
Busca, como la lava, su camino:
De hondas grietas el agujero queda,
Como la falda de un volcán cruzado:

Precio fatal de los amores con el cielo:
Yo en todo la obedezco: yo no esquivo
Estos padecimientos, yo le cubro
De unos besos que lloran sus dos blancas
Manos que así me acabarán la vida.
Yo ¡qué más! cual de un crimen ignorado
Sufro, cuando no viene: yo no tengo
Otro amor en el mundo ¡oh mi poesía!
¡Como sobre la pampa el viento negro
Cae sobre mí tu enojo! ¡oh vuelve, vuelve,
A mí, que te respeto, el rostro amigo!
De su altivez me quejo al pueblo honrado:
De su soberbia femenil. No sufre
Espera. No perdona. Brilla, y quiere
Que como el limpio lustre del acero
Ya el verso al mundo cabalgando salga;–
Tal, una loca de pudor, apenas
Un minuto al artista el cuerpo ofrece
Para que esculpa en mármol su hermosura!–
¡Vuelan las flores que del cielo bajan,
Vuelan, como irritadas mariposas,
Para jamás volver las crueles vuelan.

VERSOS SENCILLOS

A Manuel Mercado,
de México

A Enrique Estrázulas,
de Uruguay

Mis amigos saben cómo se me salieron estos versos del corazón. Fue aquel invierno de angustia, en que por ignorancia, o por fe fanática, o por miedo, o por cortesía, se reunieron en Washington, bajo el águila temible, los pueblos hispano-americanos. ¿Cuál de nosotros ha olvidado aquel escudo, el escudo en que el águila de Monterrey y Chapultepec, el águila de López y de Walker, apretaba en sus garras los pabellones todos de la América? Y la agonía en que viví, hasta que pude confirmar la cautela y el brío de nuestros pueblos; y el horror y vergüenza en que me tuvo el temor legítimo de que pudiéramos los cubanos, con manos parricidas, ayudar el plan insensato de apartar a Cuba, para bien único de un nuevo amo disimulado, de la patria que la reclama y en ella se completa, de la patria hispano-americana, –me quitaron las fuerzas mermadas por dolores injustos. Me echó el médico al monte: corrían arroyos, y se cerraban las nubes: escribí versos. A veces ruge el mar, y revienta la ola, en la noche negra, contra las rocas del castillo ensangrentado: a veces susurra la abeja, merodeando entre las flores.

¿Por qué se publica esta sencillez, escrita como jugando, y no mis encrespados *Versos libres*, mis endecasílabos hirsutos, nacidos de grandes miedos, o de grandes esperanzas, o de indómito amor de libertad, o de amor doloroso a la hermosura, como riachuelo de oro natural, que va entre arena y aguas turbias y raíces, o como hierro caldeado, que silba y chispea, o como surtidores candentes? ¿Y mis *Versos cubanos,* tan llenos de enojo que están mejor donde no se les ve? ¿Y tanto pecado mío escondido, y tanta prueba ingenua y rebelde de literatura? ¿Ni a qué exhibir ahora, con ocasión de estas flores silvestres, un curso de mi poética, y decir por qué repito un consonante de propósito, o los gradúo y agrupo de modo que vayan por la vista y el oído al sentimiento, o salto por ellos, cuando no pide rimas ni soporta repujos la idea tumultuosa? Se imprimen estos versos porque el afecto con que los acogieron, en una noche de poesía y amistad, algunas almas buenas, los ha hecho ya públicos. Y porque amo la sencillez, y creo en la necesidad de poner el sentimiento en formas llanas y sinceras.

Nueva York, 1891

I

Yo soy un hombre sincero
De donde crece la palma,
Y antes de morirme quiero
Echar mis versos del alma.

Yo vengo de todas partes,
Y hacia todas partes voy:
Arte soy entre las artes,
En los montes, monte soy.

Yo sé los nombres extraños
De las yerbas y las flores,
Y de mortales engaños,
Y de sublimes dolores.

Yo he visto en la noche oscura
Llover sobre mi cabeza
Los rayos de lumbre pura
De la divina belleza

Alas nacer vi en los hombros
De las mujeres hermosas:
Y salir de los escombros
Volando las mariposas.

He visto vivir a un hombre
Con el puñal al costado,
Sin decir jamás el nombre
De aquella que lo ha matado.

Rápida, como un reflejo,

Dos veces vi el alma, dos:
Cuando murió el pobre viejo,
Cuando ella me dijo adiós.

Temblé una vez, –en la reja,
A la entrada de la viña,–
Cuando la bárbara abeja
Picó en la frente a mi niña.

Gocé una vez, de tal suerte
Que gocé cual nunca: –cuando
La sentencia de mi muerte
Leyó el alcalde llorando.

Oigo un suspiro, a través
De las tierras y la mar,
Y no es un suspiro, –es
Que mi hijo va a despertar.

Si dicen que del joyero
Tome la joya mejor,
Tomo a un amigo sincero
Y pongo a un lado el amor.

Yo he visto al águila herida
Volar al azul sereno,
Y morir en su guarida
La víbora del veneno

Yo sé bien que cuando el mundo
Cede, lívido, al descanso,
Sobre el silencio profundo
Murmura el arroyo manso.

Yo he puesto la mano osada,
De horror y júbilo yerta,
Sobre la estrella apagada
Que cayó frente a mi puerta.

Oculto en mi pecho bravo
La pena que me lo hiere:
El hijo de un pueblo esclavo
Vive por él, calla, y muere.

Todo es hermoso y constante,
Todo es música y razón,
Y todo, como el diamante,
Antes que luz es carbón.

Yo sé que el necio se entierra
Con gran lujo y con gran llano,–
Y que no hay fruta en la tierra
Como la del camposanto.

Callo, y entiendo, y me quito
La pompa del rimador:
Cuelgo de un árbol marchito
Mi muceta de doctor.

II

Yo sé de Egipto y Nigricia,
Y de Persia y Xenophonte;

Y prefiero la caricia
Del aire fresco del monte.

Yo sé las historias viejas
Del hombre y de sus rencillas;
Y prefiero las abejas
Volando en las campanillas.

Yo sé del canto del viento
En las ramas vocingleras:
Nadie me diga que miento,
Que lo prefiero de veras.

Yo sé de un gamo aterrado
Que vuelve al redil, y expira,–
Y de un corazón cansado
Que muere oscuro y sin ira.

III

Odio la máscara y vicio
Del corredor de mi hotel:
Me vuelvo al manso bullicio
De mi monte de laurel.

Con los pobres de la tierra
Quiero yo mi suerte echar:
El arroyo de la sierra
Me complace más que el mar.

Denle al vano el oro tierno
Que arde y brilla en el crisol:
A mí denme el bosque eterno
Cuando rompe en él el sol.

Yo he visto el oro hecho tierra
Barbullendo en la redoma:
Prefiero estar en la sierra
Cuando vuela una paloma.

Busca el obispo de España
Pilares para su altar.
¡En mi templo, en la montaña,
El álamo es el pilar!

Y la alfombra es puro helecho,
Y los muros abedul,
Y la luz viene del techo,
Del techo de cielo azul.

El obispo, por la noche,
Sale, despacio, a cantar:
Monta, callado, en su coche,
Que es la piña de un pinar.

Las jacas de su carroza
Son dos pájaros azules:
Y canta el aire y retoza,
Y cantan los abedules.

Duermo en mi cama de roca
Mi sueño dulce y profundo:
Roza una abeja mi boca
Y crece en mi cuerpo el mundo.

Brillan las grandes molduras
Al fuego de la mañana
Que tiñe las colgaduras
De rosa, violeta y grana.

El clarín, solo en el monte,
Canta al primer arrebol:
La gasa del horizonte
Prende, de un aliento, el sol.

¡Díganle al obispo ciego,
Al viejo obispo de España
Que venga, que venga luego,
A mi templo, a la montaña!

IV

Yo visitaré anhelante
Los rincones donde a solas
Estuvimos yo y mi amante
Retozando con las olas.

Solos los dos estuvimos,
Solos, con la compañía
De dos pájaros que vimos
Meterse en la gruta umbría.

Y ella, clavando los ojos,
En la pareja ligera,
Deshizo los lirios rojos
Que le dio la jardinera.

La madreselva olorosa
Cogió con sus manos ella,
Y una madama graciosa,
Y un jazmín como una estrella.

Yo quise, diestro y galán,
Abrirle su quitasol;
Y ella me dijo: «¡Qué afán!
¡Si hoy me gusta ver el sol!»

«Nunca más altos he visto
Estos nobles robledales:
Aquí debe estar el Cristo,
Porque están las catedrales.»

«Ya sé dónde ha de venir
Mi niña a la comunión;
De blanco la he de vestir
Con un gran sombrero alón.»

Después, del calor al peso,
Entramos por el camino,
Y nos dábamos un beso
En cuanto sonaba un trino.

¡Volveré, cual quien no existe,
Al lago mudo y helado:
Clavaré la quilla triste:
Posaré el remo callado!

V

Si ves un monte de espumas
Es mi verso lo que ves:
Mi verso es un monte, y es
Un abanico de plumas.

Mi verso es como un puñal
Que por el puño echa flor:
Mi verso es un surtidor
Que da un agua de coral.

Mi verso es de un verde claro
Y de un carmín encendido:
Mi verso es un ciervo herido
Que busca en el monte amparo.

Mi verso al valiente agrada:
Mi verso, breve y sincero,
Es del vigor del acero
Con que se funde la espada.

VI

Si quieren que de este mundo
Lleve una memoria grata,
Llevaré, padre profundo,
Tu cabellera de plata.

Si quieren, por gran favor,

Que lleve más, llevaré
La copia que hizo el pintor
De la hermana que adoré.

Si quieren que a la otra vida
Me lleve todo un tesoro,
¡Llevo la trenza escondida
Que guardo en mi caja de oro!

VII

Para Aragón, España,
Tengo yo en mi corazón
Un lugar todo Aragón,
Franco, fiero, fiel, sin saña.

Si quiere un tonto saber
Por qué lo tengo, le digo
Que allí tuve un buen amigo,
Que allí quise a una mujer.

Allá, en la vega florida,
La de la heroica defensa,
Por mantener lo que piensa
Juega la gente la vida.

Y si un alcalde lo aprieta
O lo enoja un rey cazurro,
Calza la manta el baturro
Y muere con su escopeta.

Quiero a la tierra amarilla
Que baña el Ebro lodoso:
Quiero el Pilar azuloso
De Lanuza y de Padilla.

Estimo a quien de un revés
Echa por tierra a un tirano:
Lo estimo, si es un cubano;
Lo estimo, si aragonés.

Amo los patios sombríos
Con escaleras bordadas;
Amo las naves calladas
Y los conventos vacíos.

Amo la tierra florida,
Musulmana o española,
Donde rompió su corola
La poca flor de mi vida.

VIII

Yo tengo un amigo muerto
Que suele venirme a ver:
Mi amigo se sienta, y canta;
Canta en voz que ha de doler.

«En un ave de dos alas
»Bogo por el cielo azul:

»Un ala del ave es negra,
»Otra de oro Caribú.

»El corazón es un loco
»Que no sabe de un color:
»O es su amor de dos colores,
»O dice que no es amor.

»Hay una loca más fiera
»Que el corazón infeliz:
»La que le chupó la sangre
»Y se echó luego a reír.

»Corazón que lleva rota
»El ancla fiel del hogar,
»Va como barca perdida,
»Que no sabe a dónde va.»

En cuanto llega a esta angustia
Rompe el muerto a maldecir:
Le amanso el cráneo: lo acuesto:
Acuesto el muerto a dormir.

IX

Quiero, a la sombra de un ala,
Contar este cuento en flor:
La niña de Guatemala,
La que se murió de amor.

Eran de lirios los ramos,
Y las orlas de reseda
Y de jazmín: la enterramos
En una caja de seda.

...Ella dio al desmemoriado
Una almohadilla de olor:
Él volvió, volvió casado:
Ella se murió de amor.

Iban cargándola en andas
Obispos y embajadores:
Detrás iba el pueblo en tandas,
Todo cargado de flores.

...Ella, por volverlo a ver,
Salió a verlo al mirador:
Él volvió con su mujer:
Ella se murió de amor.

Como de bronce candente
Al beso de despedida
Era su frente ¡la frente
Que más he amado en mi vida!

...Se entró de tarde en el río.
La sacó muerta el doctor:
Dicen que murió de frío:
Yo sé que murió de amor.

Allí, en la bóveda helada,
La pusieron en dos bancos:
Besé su mano afilada,
Besé sus zapatos blancos.

Callado, al oscurecer,
Me llamó el enterrador:
¡Nunca más he vuelto a ver
A la que murió de amor!

X

El alma trémula y sola
Padece al anochecer:
Hay baile; vamos a ver
La bailarina española.

Han hecho bien en quitar
El banderón de la acera;
Porque si está la bandera,
No sé, yo no puedo entrar.

Ya llega la bailarina:
Soberbia y pálida llega:
¿Cómo dicen que es gallega?
Pues dicen mal: es divina.

Lleva un sombrero torero
Y una capa carmesí:
¡Lo mismo que un alelí
Que se pusiese un sombrero!

Se ve, de paso, la ceja,
Ceja de mora traidora:

Y la mirada, de mora:
Y como nieve la oreja.

Preludian, bajan la luz,
Y sale en bata y mantón,
La virgen de la Asunción
Bailando un baile andaluz.

Alza, retando, la frente;
Crúzase al hombro la manta:
En arco el brazo levanta:
Mueve despacio el pie ardiente.

Repica con los tacones
El tablado zalamera,
Como si la tabla fuera
Tablado de corazones.

Y va el convite creciendo
En las llamas de los ojos,
Y el manto de flecos rojos
Se va en el aire meciendo.

Súbito, de un salto arranca:
Húrtase, se quiebra, gira:
Abre en dos la cachemira,
Ofrece la bata blanca.

El cuerpo cede y ondea;
La boca abierta provoca;
Es una rosa la boca:
Lentamente taconea.

Recoge, de un débil giro,
El manto de flecos rojos:
Se va, cerrando los ojos,
Se va, como en un suspiro…

Baila muy bien la española;
Es blanco y rojo el mantón:
¡Vuelve, fosca, a su rincón
El alma trémula y sola!

XI

Yo tengo un paje muy fiel
Que me cuida y que me gruñe,
Y al salir, me limpia y bruñe
Mi corona de laurel.

Yo tengo un paje ejemplar
Que no come, que no duerme,
Y que se acurruca a verme
Trabajar, y sollozar.

Salgo, y el vil se desliza
Y en mi bolsillo aparece;
Vuelvo, y el terco me ofrece
Una taza de ceniza.

Si duermo, al rayar el día
Se sienta junto a mi cama:

Si escribo, sangre derrama
Mi paje en la escribanía.

Mi paje, hombre de respeto,
Al andar castañetea:
Hiela mi paje, y chispea:
Mi paje es un esqueleto.

XII

En el bote iba remando
Por el lago seductor,
Con el sol que era oro puro
Y en el alma más de un sol.

Y a mis pies vi de repente,
Ofendido del hedor,
Un pez muerto, un pez hediondo
En el bote remador.

XIII

Por donde abunda la malva
Y da el camino un rodeo,
Iba un ángel de paseo
Con una cabeza calva.

Del castañar por la zona
La pareja se perdía:
La calva resplandecía
Lo mismo que una corona.

Sonaba el hacha en lo espeso
Y cruzó un ave volando:
Pero no se sabe cuándo
Se dieron el primer beso.

Era rubio el ángel; era
El de la calva radiosa,
Como el tronco a que amorosa
Se prende la enredadera.

XIV

Yo no puedo olvidar nunca
La mañanita de otoño
En que le salió un retoño
A la pobre rama trunca.

La mañanita en que, en vano,
Junto a la estufa apagada,
Una niña enamorada
Le tendió al viejo la mano.

XV

Vino el médico amarillo
A darme su medicina,
Con una mano cetrina
Y la otra mano al bolsillo:
¡Yo tengo allá en un rincón
Un médico que no manca
Con una mano muy blanca
Y otra mano al corazón!

Viene, de blusa y casquete,
El grave del repostero,
A preguntarme si quiero
O Málaga o Pajarete:
¡Díganle a la repostera
Que ha tanto tiempo no he visto,
Que me tenga un beso listo
Al entrar la primavera!

XVI

En el alféizar calado
De la ventana moruna,
Pálido como la luna,
Medita un enamorado.

Pálida, en su canapé
De seda tórtola y roja,
Eva, callada, deshoja
Una violeta en el té.

XVII

Es rubia: el cabello suelto
Da más luz al ojo moro:
Voy, desde entonces, envuelto
En un torbellino de oro.

La abeja estival que zumba
Más ágil por la flor nueva,
No dice, como antes, «tumba»:
«Eva» dice: todo es «Eva».

Bajo, en lo oscuro, al temido
Raudal de la catarata:
¡Y brilla el iris, tendido
Sobre las hojas de plata!

Miro, ceñudo, la agreste
Pompa del monte irritado:
¡Y en el alma azul celeste
Brota un jacinto rosado!

Voy, por el bosque, a paseo
A la laguna vecina:
Y entre las ramas la veo,
Y por el agua camina.

La serpiente del jardín
Silba, escupe, y se resbala
Por su agujero: el clarín
Me tiende, trinando, el ala.

¡Arpa soy, salterio soy

Donde vibra el Universo:
Vengo del sol, y al sol voy:
Soy el amor: soy el verso!

XVIII

El alfiler de Eva loca
Es hecho del oro oscuro
Que le sacó un hombre puro
Del corazón de una roca.

Un pájaro tentador
Le trajo en el pico ayer
Un relumbrante alfiler
De pasta y de similor.

Eva se prendió al oscuro
Talle el diamante embustero:
Y echó en el alfiletero
El alfiler de oro puro.

XIX

Por tus ojos encendidos
Y lo mal puesto de un broche,
Pensé que estuviste anoche
Jugando a juegos prohibidos.

Te odié por vil y alevosa:
Te odié con odio de muerte:
Náusea me daba de verte
Tan villana y tan hermosa.

Y por la esquela que vi
Sin saber cómo ni cuándo,
Sé que estuviste llorando
Toda la noche por mí.

XX

Mi amor del aire se azora;
Eva es rubia, falsa es Eva:
Viene una nube, y se lleva
Mi amor que gime y que llora.

Se lleva mi amor que llora
Esa nube que se va:
Eva me ha sido traidora:
¡Eva me consolará!

XXI

Ayer la vi en el salón
De los pintores, y ayer
Detrás de aquella mujer
Se me saltó el corazón.

Sentada en el suelo rudo
Está en el lienzo: dormido
Al pie, el esposo rendido:
Al seno el niño desnudo.

Sobre unas briznas de paja
Se ven mendrugos mondados:
Le cuelga el manto a los lados,
Lo mismo que una mortaja.

No nace en el torvo suelo
Ni una viola, ni una espiga:
Muy lejos, la casa amiga,
Muy triste y oscuro el cielo!...

¡Ésa es la hermosa mujer
Que me robó el corazón
En el soberbio salón
De los pintores de ayer!

XXII

Estoy en el baile extraño
De polaina y casaquín
Que dan, del año hacia el fin,
Los cazadores del año.

Una duquesa violeta
Va con un frac colorado:
Marca un vizconde pintado
El tiempo en la pandereta.

Y pasan las chupas rojas,
Pasan los tules de fuego.
Como delante de un ciego
Pasan volando las hojas.

XXIII

Yo quiero salir del mundo
Por la puerta natural:
En un carro de hojas verdes
A morir me han de llevar.

No me pongan en lo oscuro
A morir como un traidor:
Yo soy bueno, y como bueno
Moriré de cara al sol!

XXIV

Sé de un pintor atrevido
Que sale a pintar contento
Sobre la tela del viento
Y la espuma del olvido.

Yo sé de un pintor gigante,
El de divinos colores,
Puesto a pintarle las flores
A una corbeta mercante.

Yo sé de un pobre pintor
Que mira el agua al pintar, –
El agua ronca del mar, –
Con un entrañable amor.

XXV

Yo pienso, cuando me alegro
Como un escoltar sencillo,
En el canario amarillo, –
Que tiene el ojo tan negro!

Yo quiero, cuando me muera,
Sin patria, pero sin amo,
Tener en mi losa un ramo
De flores, –y una bandera!

XXVI

Yo que vivo, aunque me he muerto,
Soy un gran descubridor,
Porque anoche he descubierto
La medicina de amor.

Cuando al peso de la cruz
El hombre morir resuelve,
Sale a hacer bien, lo hace, y vuelve
Como de un baño de luz.

XXVII

El enemigo brutal
Nos pone fuego a la casa:
El sable la calle arrasa,
A la luna tropical.

Pocos salieron ilesos
Del sable del español:
La calle, al salir el sol,
Era un reguero de sesos.

Pasa, entre balas, un coche:
Entran, llorando, a una muerta:
Llama una mano a la puerta
En lo negro de la noche.

No hay bala que no taladre
El portón: y la mujer
Que llama, me ha dado el ser.
Me viene a buscar mi madre.

A la boca de la muerte,
Los valientes habaneros
Se quitaron los sombreros
Ante la matrona fuerte.

Y después que nos besamos
Como dos locos, me dijo:
«Vamos pronto, vamos, hijo:
La niña está sola: vamos!»

XXVIII

Por la tumba del cortijo
Donde está el padre enterrado.
Pasa el hijo, de soldado
Del invasor: pasa el hijo.

El padre, un bravo en la guerra,
Envuelto en su pabellón
Álzase: y de un bofetón
Lo tiende, muerto, por tierra.

El rayo reluce: zumba
El viento por el cortijo:
El padre recoge al hijo,
Y se lo lleva a la tumba.

XXIX

La imagen del rey, por ley,
Lleva el papel del Estado:
El niño fue fusilado
Por los fusiles del rey.

Festejar el santo es ley
Del rey: y en la fiesta santa
¡La hermana del niño canta
Ante la imagen del rey!

XXX

El rayo surca, sangriento,
El lóbrego nubarrón:
Echa el barco, ciento a ciento,
Los negros por el portón.

El viento, fiero, quebraba
Los almácigos copudos:
Andaba la hilera, andaba,
De los esclavos desnudos.

El temporal sacudía
Los barracones henchidos:
Una madre con su cría
Pasaba, dando alaridos.

Rojo, como en el desierto,
Salió el sol al horizonte:
Y alumbró a un esclavo muerto,
Colgado a un seibo del monte.

Un niño lo vio: tembló
De pasión por los que gimen:
Y, al pie del muerto, juró
Lavar con su vida el crimen!

XXXI

Para modelo de un dios
El pintor lo envió a pedir: –
¡Para eso no! ¡para ir,
Patria, a servirte los dos!

Bien estará en la pintura
El hijo que amo y bendigo: –
¡Mejor en la ceja oscura,
Cara a cara al enemigo!

Es rubio, es fuerte, es garzón
De nobleza natural:
¡Hijo, por la luz natal!
¡Hijo, por el pabellón!

Vamos, pues, hijo viril:
Vamos los dos: si yo muero,
Me besas: si tú… ¡prefiero
Verte muerto a verte vil!

XXXII

En el negro callejón
Donde en tinieblas paseo,
Alzo los ojos, y veo
La iglesia, erguida, a un rincón.

¿Será misterio? ¿será

Revelación y poder?
¿Será, rodilla, el deber
De postrarse? ¿qué será?

Tiembla la noche: en la parra
Muerde el gusano el retoño;
Grazna, llamando al otoño,
La hueca y hosca cigarra.

Graznan dos: atento al dúo
Alzo los ojos, y veo
Que la iglesia del paseo
Tiene la forma de un búho.

XXXIII

De mi desdicha espantosa
Siento, oh estrellas, que muero:
Yo quiero vivir, yo quiero
Ver a una mujer hermosa.

El cabello, como un casco,
Le corona el rostro bello:
Brilla su negro cabello
Como un sable de Damasco.

¿Aquélla?... Pues pon la hiel
Del mundo entero en un haz,
Y tállala en cuerpo, y haz
Un alma entera de hiel!

¿Ésta?... Pues esta infeliz
Lleva escarpines rosados,
Y los labios colorados,
Y la cara de barniz.

El alma lúgubre grita:
«¡Mujer, maldita mujer!»
¡No sé yo quién pueda ser
Entre las dos la maldita!

XXXIV

¡Penas! ¿quién osa decir
Que tengo yo penas? Luego,
Después del rayo, y del fuego,
Tendré tiempo de sufrir.

Yo sé de un pesar profundo
Entre las penas sin nombres:
¡La esclavitud de los hombres
Es la gran pena del mundo!

Hay montes, y hay que subir
Los montes altos; ¡después
Veremos, alma, quién es
Quien te me ha puesto al morir!

XXXV

¿Qué importa que tu puñal
Se me clave en el riñón?
¡Tengo mis versos, que son
Más fuertes que tu puñal!

¿Qué importa que este dolor
Seque el mar, y nuble el cielo?
El verso, dulce consuelo,
Nace alado del dolor.

XXXVI

Ya sé: de carne se puede
Hacer una flor: se puede,
Con el poder del cariño,
Hacer un cielo, –y un niño!

De carne se hace también
El alacrán; y también
El gusano de la rosa,
Y la lechuza espantosa.

XXXVII

Aquí está el pecho, mujer,
Que ya sé que lo herirás:
¡Más grande debiera ser,
Para que lo hirieses más!

Porque noto, alma torcida,
Que en mi pecho milagroso,
Mientras más honda la herida,
Es mi canto más hermoso.

XXXVIII

¿Del tirano? Del tirano
Dí todo, ¡dí más!: y clava
Con furia de mano esclava
Sobre su oprobio al tirano.

¿Del error? Pues del error
Dí el antro, dí las veredas
Oscuras: dí cuanto puedas
Del tirano y del error.

¿De mujer? Pues puede ser
Que mueras de su mordida;
Pero no empañes tu vida
Diciendo mal de mujer!

XXXIX

Cultivo una rosa blanca,
En Julio como en Enero,
Para el amigo sincero

Que me da su mano franca.
Y para el cruel que me arranca
El corazón con que vivo,
Cardo ni oruga cultivo:
Cultivo la rosa blanca.

XL

Pinta mi amigo el pintor
Sus angelones dorados,
En nubes arrodillados,
Con soles al rededor.

Pínteme con sus pinceles
Los angelitos medrosos
Que me trajeron, piadosos,
Sus dos ramos de claveles.

XLI

Cuando me vino el honor
De la tierra, generosa,
No pensé en Blanca ni en Rosa
Ni en lo grande del favor.

Pensé en el pobre artillero
Que está en la tumba, callado:

Pensé en mi padre, el soldado:
Pensé en mi padre, el obrero.

Cuando llegó la pomposa
Carta, en su noble cubierta,
Pensé en la tumba desierta,
No pensé en Blanca ni en Rosa.

XLII

En el extraño bazar
Del amor, junto a la mar,
La perla triste y sin par
Le tocó por suerte a Agar.

Agar, de tanto tenerla
Al pecho, de tanto verla
Agar, llegó a aborrecerla:
Majó, tiró al mar la perla.

Y cuando Agar, venenosa
De inútil furia, y llorosa,
Pidió al mar la perla hermosa,
Dijo la mar borrascosa:

«¿Qué hiciste, torpe, qué hiciste
De la perla que tuviste?
La majaste, me la diste:
Yo guardo la perla triste.»

XLIII

Mucho, señora, daría
Por tender sobre tu espalda
Tu cabellera bravía,
Tu cabellera de gualda:
Despacio la tendería,
Callado la besaría.

Por sobre la oreja fina
Baja lujoso el cabello,
Lo mismo que una cortina
Que se levanta hacia el cuello.
La oreja es obra divina
De porcelana de China.

Mucho, señora, te diera
Por desenredar el nudo
De tu roja cabellera
Sobre tu cuello desnudo:
Muy despacio la esparciera,
Hilo por hilo la abriera.

XLIV

Tiene el leopardo un abrigo
En su monte seco y pardo:
Yo tengo más que el leopardo,
Porque tengo un buen amigo.

Duerme, como en un juguete,
La mushma en su cojinete
De arce del Japón: yo digo:
«No hay cojín como un amigo.»

Tiene el conde su abolengo:
Tiene la aurora el mendigo:
Tiene ala el ave: ¡yo tengo
Allá en México un amigo!

Tiene el señor presidente
Un jardín con una fuente,
Y un tesoro en oro y trigo:
Tengo más, tengo un amigo.

XLV

Sueño con claustros de mármol
Donde en silencio divino
Los héroes, de pie, reposan:
¡De noche, a la luz del alma,
Hablo con ellos: de noche!
Están en fila: paseo
Entre las filas: las manos
De piedra les beso: abren
Los ojos de piedra: mueven
Los labios de piedra: tiemblan
Las barbas de piedra: lloran:
¡Vibra la espada en la vaina!:
Mudo, les beso la mano.

Hablo con ellos, de noche!
Están en fila: paseo
Entre las filas: lloroso
Me abrazo a un mármol: «Oh mármol,
Dice que beben tus hijos
Su propia sangre en las copas
Venenosas de sus dueños!
Que hablan la lengua podrida
De sus rufianes! que comen
Juntos el pan del oprobio,
En la mesa ensangrentada!
Que pierden en lengua inútil
El último fuego!: ¡dicen,
Oh mármol, mármol dormido,
Que ya se ha muerto tu raza!»

Échame en tierra de un bote
El héroe que abrazo: me ase
Del cuello: barre la tierra
Con mi cabeza: levanta
El brazo, ¡el brazo le luce
Lo mismo que un sol!: resuena
La piedra: buscan el cinto
Las manos blancas: del soclo
Saltan los hombres de mármol!

XLVI

Vierte, corazón, tu pena
Donde no se llegue a ver,

Por soberbia, y por no ser
Motivo de pena ajena.

Yo te quiero, verso amigo,
Porque cuando siento el pecho
Y muy cargado y deshecho,
Parto la carga contigo.

Tú me sufre, tú aposentas
En tu regazo amoroso,
Todo mi amor doloroso,
Todas mis ansias y afrentas.

Tú, porque yo pueda en calma
Amar y hacer bien, consientes
En enturbiar tus corrientes
Con cuanto me agobia el alma.

Tú, porque yo cruce fiero
La tierra, y sin odio, y puro,
Te arrastras, pálido y duro,
Mi amoroso compañero.

Mi vida así se encamina
Al cielo limpia y serena,
Y tú me cargas mi pena
Con tu paciencia divina.

Y porque mi cruel costumbre
De echarme en ti te desvía
De tu dichosa armonía
Y natural mansedumbre;

Porque mis penas arrojo
Sobre tu seno, y lo azotan,
Y tu corriente alborotan,
Y acá lívido, allá rojo,

Blanco allá como la muerte,
Ora arremetes y ruges,
Ora con el peso crujes
De un dolor más que tú fuerte,

¿Habré, como me aconseja
Un corazón mal nacido,
De dejar en el olvido
A aquel que nunca me deja?

¡Verso, nos hablan de un Dios
Adonde van los difuntos:
Verso, o nos condenan juntos,
O nos salvamos los dos!

ÍNDICE

Se terminó de imprimir en el mes de
octubre de 1997 en Imprenta de los
Buenos Ayres S.A.I.C., Carlos Berg 3449
Buenos Aires - Argentina